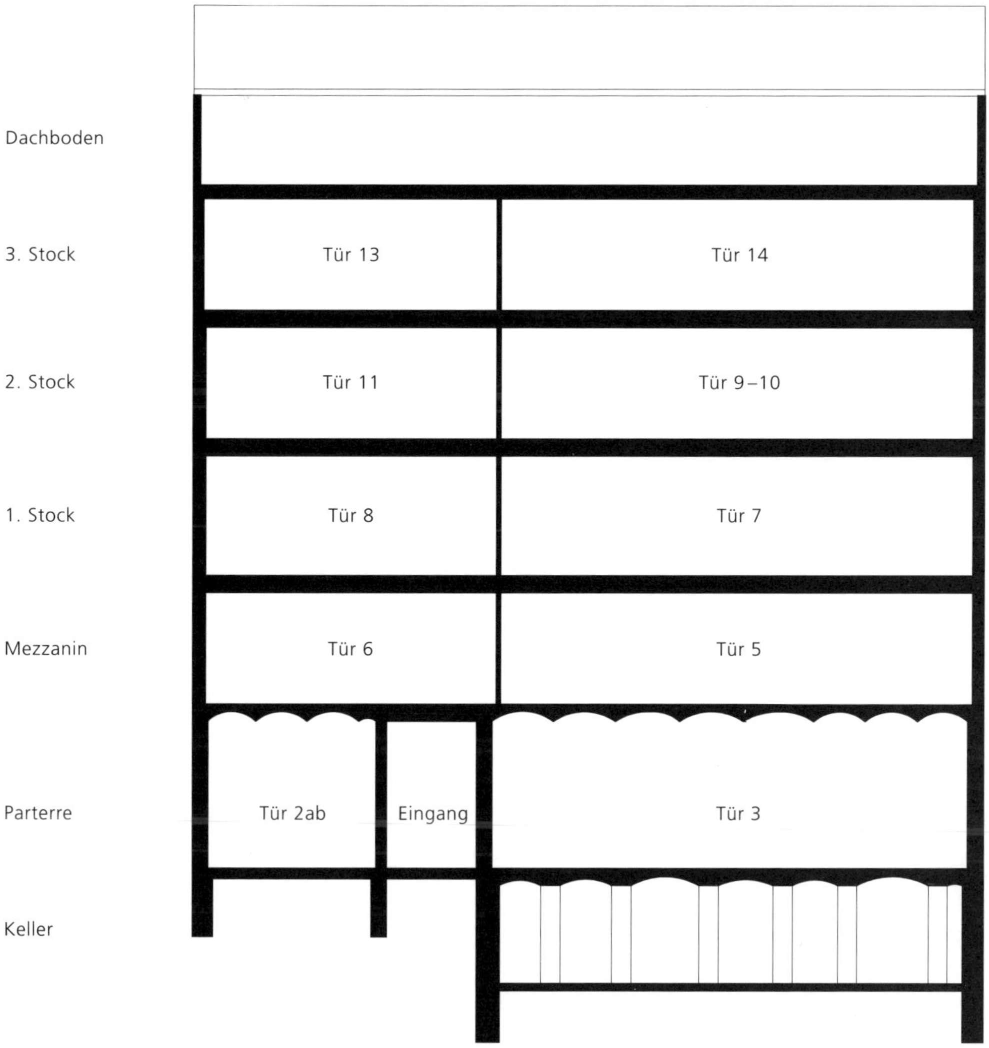

Berggasse 19
Längsschnitt (Hochparterre nicht sichtbar)

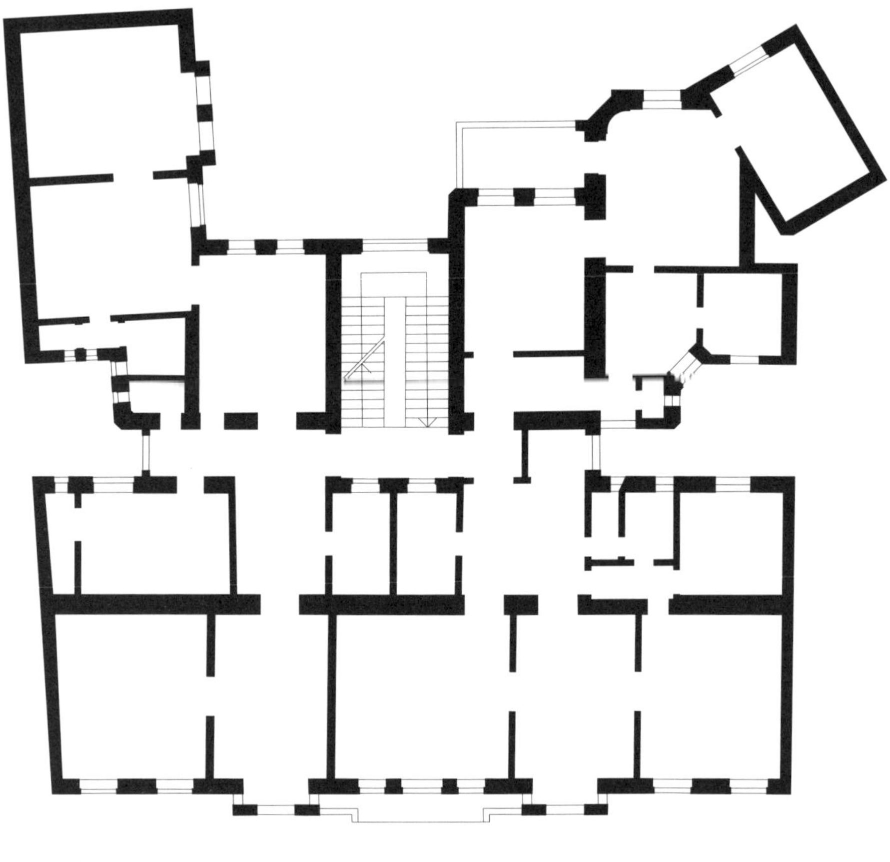

Berggasse 19
2. Stock, Grundriss

Freuds verschwundene Nachbarn

Lydia Marinelli (Hg.)

Turia + Kant

Blick in die Berggasse, 1938,
Foto: Edmund Engelman

Die Ausstellung „Freuds verschwundene Nachbarn" verfolgt am Beispiel von acht Wohnungen die Geschichte der Bewohner des Hauses Berggasse 19, die als Juden oder Psychoanalytiker der nationalsozialistischen Verfolgung ausgesetzt waren. Die Emigration Sigmund Freuds und seiner Familie ist bereits umfassend dokumentiert worden. Indem die vorliegende Ausstellung nun weitgehend anonyme Schicksale in den Mittelpunkt rückt – jener Hausbewohner, die mit Sigmund Freud meist nur die gemeinsame Wohnadresse verband –, wirft sie ein Schlaglicht auf die Geschichte Österreichs im Nationalsozialismus und der Zweiten Republik. Nicht zuletzt stellt sie auch einen brisanten Beitrag zum häufig kritisierten Umgang Österreichs mit Fragen der Rückstellung dar und zeigt, wie weit die Verwicklungen in die NS-Geschichte über das Jahr 1945 hinausreichen.

Diese Ausstellung wurde erst möglich, weil die vor mehr als zehn Jahren begonnene Neukonzeption des Sigmund Freud-Museums 1996 zur Erweiterung der Räumlichkeiten um einen Vortrags- und Ausstellungssaal führte, der nun für Sonderausstellungen genutzt werden kann. Außerdem versetzte die Schaffung einer Studienbibliothek und eines Archivs in der ehemaligen Privatwohnung Sigmund Freuds das Museum im Verlauf der letzten Jahre in die Lage, Nachlässe und Dokumente zu erwerben sowie Schenkungen entgegenzunehmen. So wurde unter anderem der Nachlass der Schwestern Sigmund Freuds erworben. Vier der fünf Schwestern Freuds konnten Österreich nicht mehr verlassen und wurden 1942/1943 in Konzentrationslagern ermordet. Dieser Nachlass, an dem sich in besonders umfassender Weise die Verlaufsgeschichte nationalsozialistischer Enteignungs- und Vernichtungsstrategien rekonstruieren lässt, wurde Oliver Rathkolb für seine Recherchen zu den stehen gebliebenen Konten der Österreichischen Postsparkasse zur Verfügung gestellt, vor allem aber gab er den Anstoß zur Konzeption dieser Ausstellung. Sie zeichnet mittels Archivfunden das Leben von „Freuds verschwundenen Nachbarn" nach und deckt damit auch die Zeit „dazwischen" ab, d. h. die Zeit zwischen dem Tag der Abreise Freuds im Juni 1938 und dem der Eröffnung des Museums im Juni 1971. Es ist dies die Zeitspanne, nach der die Besucher des Sigmund Freud-Museums häufig fragen, da die ständige Präsentation in der ehemaligen Praxis Sigmund Freuds mit Autographen, Erstausgaben und der Fotodokumentation von Edmund Engelman mit dem Tod des Begründers der Psychoanalyse am 23. September 1938 endet.

Dass das Museum sich nicht nur als Gedenkstätte begreift, das zeigt sich auch an dem Programm, das ich gemeinsam mit Lydia Marinelli in den letzten Jahren konzipiert habe. Es erschließt mit Tagungen, Vorträgen, Diskussionen, Filmreihen und Forschungsprojekten die historische Dimension des Ortes, präsentiert die aktuellen psychoanalytischen Debatten und verknüpft die Psychoanalyse mit Wissenschaft, Kultur und Kunst.

Vor allem aber hat sich das Museum mit den Ausstellungen „Internationaler Psychoanalytischer Verlag 1919–1938 (1995)", „‚Meine ... alten und dreckigen Götter'. Aus Sigmund Freuds Sammlung" (1997), einer Schau, die sich der Verknüpfung von Werk und archäologischer Sammlung Sigmund Freuds widmete, mit Installationen von Joseph Kosuth in den Jahren 1989, 1995 und 2002 und der Präsentation der „Foundation for the Arts, Sigmund Freud Museum

Vienna", einer Sammlung internationaler Werke zeitgenössischer Künstler (1998), mit „Sigmund Freud: Konflikt und Kultur/Psychoanalyse in Bewegung" (1999), einer Kooperationsausstellung mit der Library of Congress und dem Freud Museum London, die auch in Washington, New York, São Paulo, Rio de Janeiro, Chicago und Tel Aviv gezeigt wurde, mit der „Bibliothek ungelesener Bücher" von Julius Deutschbauer und Gerhard Spring (2001), „public seduction" von Kiki Seror (2002) und schließlich mit „Diesseits und jenseits des Traums. 100 Jahre Jacques Lacan" (2002) der oben formulierten Herausforderung gestellt.

Heute ist das Haus Berggasse 19 im Besitz der Stadt Wien, die durch Fünfjahresverträge eine wichtige finanzielle Grundlage für das Sigmund Freud-Museum sichert. Die aufwendigen Recherchen und die Durchführung der Ausstellung „Sigmund Freuds verschwundene Nachbarn" wurden durch eine Sonderdotation des Bundesministeriums für Bildung, Wissenschaft und Kultur, durch Förderungen des Zilk Fonds, der Oesterreichischen Nationalbank und des Vereins der Freunde des Sigmund Freud-Museums Wien ermöglicht. Mein Dank gilt Lydia Marinelli, die für die Idee zu dieser Ausstellung, das Konzept und die Umsetzung von „Freuds verschwundenen Nachbarn" verantwortlich zeichnet; Birgit Johler hat sie sowohl bei den wissenschaftlichen Recherchen als auch organisatorisch und inhaltlich unter großem Einsatz unterstützt. Danken möchte ich weiters Oliver Rathkolb, Brigitte Bailer-Galanda und Wolfgang Neugebauer, die beratend zur Seite standen. Architekt Rainer Pirker hat eine Präsentationsform gefunden, die den Räumen ebenso angemessen ist wie den ausgestellten Materialien. Nicht zuletzt bedanke ich mich bei allen Mitarbeitern des Museums, die an der Realisation der Ausstellung mitgewirkt haben.

Wien, im März 2003

Inge Scholz-Strasser
Direktorin

Fassade des Hauses Berggasse 19,
1961, Foto: anonym

Reste eines Wandanstrichs
in der Wohnung Nr. 5,
vermutlich aus der Zeit Freuds

Lydia Marinelli

Mehrfach bewohnt

Gedächtniszonen im Wohnhaus Berggasse 19

I. Wer ortsunkundig das Haus sucht, trifft meist nur auf andere Fremde, die die Orientierung verloren haben. Einen Stadtplan in der Hand, halten diese genauso vergeblich nach einem sinnfällig hervorstechenden Gebäude Ausschau. Die geschlossene Straßenfront aus historistischen Bauten gibt an keiner Stelle ein Bauwerk zu erkennen, das sich von den umliegenden abheben würde und der Vorstellung von einem besonderen Ort Halt bieten könnte. Wer schließlich vor dem gesuchten Gebäude steht, blickt in übergroß wirkende, in den 70er Jahren wenig subtil in die Fassade geschnittene Schaufenster eines Bootsgeschäftes, das seine Schlauchboote in einem illusionistisch gemalten, mediterranen Szenario schwimmend präsentiert. Verglichen mit diesem grellen Schaukasten für Boote, der die Sockelfront des Hauses dominiert, treten die wenigen Zeichen an der Fassade, die darauf hindeuten, dass eine der bedeutendsten Figuren des 20. Jahrhunderts hier gelebt hat, bis zur Unkenntlichkeit zurück. Zwischen Einfahrtsschildern und einigen Firmenhinweisen, dem Blickwinkel des direkt vor dem Tor stehenden Besuchers entzogen, markiert eine Marmortafel den Ort zwar mit dem Namen Freud, doch die Höhe der Tafel zwingt die Besucher, mehr auf den Gehsteig auszuweichen, als dass sie eine eindeutige Einladung abgeben würde, das Haus zu betreten. Ein Klingelschild, an dem die Lettern des Sigmund Freud-Museums erst nach Durchsicht einer Reihe von privaten Parteien zu entziffern sind, tut sein Übriges, die erste Begegnung mit dem Haus, in dem Freud von 1891 bis 1938 mit seiner Familie gelebt hat, umständlich ausfallen zu lassen.

Diese Eingangssituation der Berggasse 19 steht in scharfem Kontrast zu allen von Museologen entwickelten Regeln der Besucherführung und choreographiert den Besuch zwischen einem Mosaik aus unterschiedlichen symbolischen Besetzungen und der Nutzung als alltägliches Wohnhaus. Immer dann, wenn materielle Zeichen schwer lesbar oder gar unlesbar, wenn Schilder durch neue Schilder erläutert werden, so verzeichnet dieser Vorgang einen historischen Wandel. Die am Haus angebrachte Tafel stammt aus dem Jahr 1953, als in den Räumen, die Freud als Praxis und Wohnung gemietet hatte, Mietparteien lebten. Die Höhe der Marmorinschrift fordert nicht zum Eintreten auf, vielmehr zwingt sie den Besucher, das Haus als solches ins Blickfeld zu nehmen. Dieser distante Blick auf das ganze Gebäude, den die Tafel steuert, blieb für fast 20 Jahre verbindlich. Eine Innensicht wurde erst in dem Moment möglich, als sich mit der Einrichtung eines Museums im Jahr 1971 der Eingang für die Besucher öffnete. Beiläufig eingelassen in die Fassade ist damit nicht nur eine Semantik der symbolischen Benennung, sondern auch eine der Zeit. Die Choreographie des Besuches, die nun ins Innere verlagert wurde, richtet den Blick auf die auratisch aufgeladenen Räume und verliert das Haus als Ganzes aus den Augen.

II. Das fünfgeschossige Gebäude liegt in einem geschlossenen Ensemble von Zinshäusern der Jahrhundertwende, das aufgrund seiner Nähe zur Universität und zum Allgemeinen Krankenhaus um 1900 den aufstrebenden bürgerlichen Schichten als Wohnviertel diente. Darunter fanden sich zahlreiche Ärzte, Universitätspersonal, aber auch Aristokraten, wie zwei in der Berggasse gelegene, noch vor der gründerzeitlichen Bauwelle errichtete Palais anzeigen.[1]

Erbaut wurde das Haus Berggasse 19 1889 anstelle eines älteren, einstöckigen Gebäudes nach den Plänen des Architekten Hermann Stierlin. Ein Bewohner dieses Vorgängerbaus enthob die Adresse bereits ihrer Anonymität und verwandelte sie durch die Insignie seines Namens in einen Erinnerungsort, der allerdings einem anderen Gedächtnis zugehört. Victor Adler hatte hier, in dem von seinem Vater erworbenen Haus, 1881 bis 1889 als Arzt praktiziert, um in der Folge noch einige andere Adressen in Wien durch mehrere Umzüge mit seinem Namen zu würdigen und die Zahl der potenziellen sozialistischen Gedenkadressen zu vervielfachen.

Nicht ahnend, dass sein Name denjenigen seines berühmten Vorgängers zum Verblassen bringen würde, erfüllte es Freud noch lange Jahre nach seinem Einzug mit einem „merkwürdigen"[2] Gefühl, an dieser historisch bedeutsamen Adresse zu wohnen. Während den emigrierten Psychoanalytikern die Berggasse 19 als Teil ihrer Genealogie gegenwärtig blieb, war die Verbindung des Ortes mit Victor Adler in den 50er Jahren bei Wiener Stadtpolitikern kaum mehr bekannt.[3] Die erst später erfolgte doppelte Benennung des Hauses Berggasse 19 durch zwei als Gründerfiguren firmierende Namen bewirkte eine bleibende Irritation, in welche historische Kartographie der Ort einzuschreiben sei.

Der Doppelgesichtigkeit des Hauses entspricht eine mit zeitlichem Abstand erfolgte Verdoppelung der Gedenktafeln: Über der sich nur unmerklich von der Wand abhebenden Marmortafel der World Federation for Mental Health hängt seit den späten 70er Jahren ein deutlich sichtbares, mit den Fahnen der Stadt Wien geschmücktes, weiß aus der Mauer hervorstechendes Hinweisschild, das standardmäßig Wiener Kulturdenkmäler benennt. Der Text dieser zweiten Tafel wiederholt und korrigiert zugleich denjenigen des älteren Schildes, wenn er vermerkt, dass hier neben Freud auch einmal Victor Adler gewohnt hat.

Beiden Genealogien hält das Gebäude durch seine architektonische Gestalt einen blinden Spiegel vor, weil es weder für die eine Seite Erinnerungen an sozialistische Formenapparate aufkommen lässt noch für die Besucher der Freudschen Adresse als alltägliches Wiener Mietshaus eine der Bedeutung des Namens entsprechende Imaginationskraft besitzt. Vordergründige Auskunft gibt das Gebäude sinnfällig nur über die bürgerliche Selbstrepräsentation gegen Ende des 19. Jahrhunderts. Die Fassade zitiert das im späten 19. Jahrhundert als Späthistorismus zur Konvention gewordene Formenrepertoire des sich herrschaftlich gebärdenden Wiener Zinshauses. Ihr gestalterisches Vokabular gewannen die Mietshäuser aus einem rückwärts gewandten Formenbestand, der je nach politischen oder sozialen Demonstrationszwecken montiert wurde. Die Hinwendung zu weit zurückliegenden Zeiten, die die Architektur vollzog, deutete weniger auf Utopielosigkeit hin denn auf den Entwurf einer neuen,

1 In unmittelbarer Nähe von Freuds Wohnhaus, auf Berggasse 16, liegt das Palais Festetics. Das 1858 erbaute Palais diente um die Jahrhundertwende als Exportakademie, an der Alexander Freud, Sigmund Freuds jüngerer Bruder, unterrichtete.

2 Vgl. Sigmund Freud an Julie Braun-Vogelstein, 30. Oktober 1927. In: Sigmund Freud: Briefe 1873–1939. Hg. von Ernst und Lucie Freud. Frankfurt am Main: Fischer 1968, S. 392 f.

3 Für den Hinweis danke ich Wolfgang Maderthaner.

Orientierungswissen vermittelnden Vorgeschichte, in die sich ein politisch unfreies Bürgertum eintrug. Die Fassade des Hauses Berggasse 19 beruft sich mit grob gegliedertem Sockel, Rundbögen und Dreiecksgiebeln auf die italienische Renaissance,[4] die im bürgerlichen Selbstverständnis des späten 19. Jahrhunderts als Hochblüte einer freien, bürgerlichen Kultur galt. Die Potenziale, die durch eine Umschrift der Vergangenheit freigesetzt wurden, nutzte auch Freud, dessen psychoanalytisches Denken den Umweg über die Altertumsforschung und antike Regionen nahm. Zur Maskierung bürgerlichen Selbstbewusstseins taugten die Befunde, zu denen seine Rückwendung in das Altertum gelangte, allerdings kaum.[5]

Lassen sich bei Freuds Einzug in das Haus noch Berührungspunkte behaupten zwischen der Entstehung einer neuen Wissenschaft und einer Kultur, die sich erst im Blick zurück auf längst vergangene Zeiten erkennt, so hatte sich das Programm der Letzteren nach dem Ersten Weltkrieg weitgehend verbraucht. In den 20er Jahren war die ästhetisch-politische Bedeutung, die das historistische Wiener Mietshaus einmal besessen hatte, weitgehend zerbröckelt, während die Psychoanalyse als neue Wissenschaft ihre Strahlkraft jenseits des Atlantiks zu entfalten begonnen hatte.

Trotz aller Kritik an der historistischen Architektur bot das bürgerliche Zinshaus weiterhin denjenigen Komfort, der den Wohnvorstellungen einer gutbürgerlichen Klientel entsprach. In den geräumigen Wohnungen im Haus Berggasse 19 waren in den 20er Jahren nicht nur die Praxen Freuds und seiner Tochter Anna untergebracht, sondern auch – und worüber keine Tafel auf der Fassade berichtet – diejenige von Dorothy Burlingham. Ihr Name verdoppelt die Böden des historischen Speicherraums Berggasse 19 ein weiteres Mal. 1926 bezog die amerikanische Millionärin die zwei im zweiten Stockwerk gelegenen Wohnungen, um ihre Freundschaft mit Anna Freud durch räumliche Nähe zu besiegeln und ihre Ausbildung zur Analytikerin bei Sigmund Freud möglichst bequem absolvieren zu können. Die Ausstattung und Raumanordnung der Wohnung entsprach zwar den Bedürfnissen der Mieter aus dem Wiener Bürgertum, erfüllte jedoch nicht diejenigen einer reichen US-Amerikanerin, die andere Erwartungen an Helligkeit, Heizquellen und Hygieneeinrichtungen mitbrachte. Burlingham hinterließ die deutlichsten Spuren im Wohnungsgefüge des Hauses: Um ihren Kindern den Eintritt in die fremde österreichische Welt zu erleichtern, ließ sie die zwei Wohnungen mithilfe der Architekten Felix Augenfeld und Karl Hofmann „amerikanisieren". Der Einbau eines offenen Kamins erzeugte eine behagliche Atmosphäre, ein neues, helles Bad mit allen technischen Raffinessen verwandelte einen wenig beachteten Waschraum in einen Wohnraum, die hellen, straßenseitigen Räume wurden für die Kinder, die ruhigen, hofseitigen als Arbeitsräume adaptiert.[6]

Wenn erst die Identifizierung mit Namen oder Geschehen einen Ort zu einem historischen Gedächtnisort macht, so erzeugen die Namen von Mietern, die sich in der zufälligen Topographie eines Wiener Mietshauses versammeln, Schwierigkeiten, sie zu einem gemeinsamen Erzählfaden zusammenzudrehen und sträuben sich gegen Einförmigkeit. Für eine parteipolitisch verengte Blickführung bringt sich Victor Adler mit dem vielfach als unpolitisch eingestuften Freud

4 Eine formale Analyse der Fassadengestaltung legte Anton Bammer vor in: Zur Antiken-Rezeption des Sigmund-Freud-Hauses in Wien. In: Jahreshefte des Österreichischen Archäologischen Institutes, Hauptblatt, 68 (1999), S. 147–159.

5 Vgl. Lydia Marinelli (Hg.): „Meine ... alten und dreckigen Götter". Aus Sigmund Freuds Sammlung. Frankfurt am Main: Stroemfeld 1998.

6 Vgl. S. 44 f.

in merkwürdige Gesellschaft und umgekehrt, während wiederum die kulturhistorische Variante, die Psychoanalyse zu einem typisch wienerischen Phänomen austrifizieren zu wollen, angesichts ihres frühen Transfers über den Atlantik, wie ihn etwa Dorothy Burlinghams Name belegt, scheitern muss. Auch eine psychoanalytische Variante, die die Geschichte der Psychoanalyse vollständig und hagiographisch auf Freud (und im besten Fall noch auf Anna Freud als dessen Mittlerin) zentriert, setzt die Nachbarschaft mit anderen Analytikern außer Kraft. Den zukünftigen Deutungskämpfen um die Vergangenheit scheint hier in einem Schwebemoment friedlicher Koexistenz vorgegriffen worden zu sein.

III. Die mehr oder weniger zufälligen Verlassenschaften in den Wohnungen des Hauses häufen sich zu einem weit größeren Trümmerhaufen an. Denn der Blick auf die Bewohner aller Stockwerke des Hauses erweitert diese drei Namen, die, gerinnen sie zu Erinnerungsfiguren, jeweils auch Wege in verschiedene Geschichtsbilder weisen, um eine weitere Dimension. Keine Wohnung und kein Geschäftslokal standen im Haus Berggasse 19 im März 1938 leer. Die nahezu völlige Einstellung des Wohnbaus in den vorangegangenen Jahren der wirtschaftlichen und politischen Krise, der nur einige wenige, den Symbolhaushalt des Austrofaschismus bedienende Projekte entgingen, machte sich in einer dichten Belegung der Wiener Zinshäuser bemerkbar. In den gassenseitig gelegenen Lokalen waren ein bürgerlicher Konsumverein und die koschere Fleischhauerei von Siegmund Kornmehl eingemietet. Der hofseitige, im Schatten der dichten Bebauung liegende Trakt bildete nicht nur auf einem architektonischen, sondern auch auf einem sozialen Niveau die unterste Ebene, da sich hier, im Gegensatz zu den oberen Etagen, Wohnungen von Hausangestellten befanden.

Die Stockwerke lassen sich keineswegs als Scheidelinien der damals herrschenden gesellschaftlichen und politischen Spannungen lesen, vielmehr verlaufen diese quer zu ihnen durch das ganze Haus. Tür an Tür lebten jüdische und nicht jüdische Mieter, unter letzteren auch ein illegales Mitglied der NSDAP.[7] Bei etwas weniger als der Hälfte der Mieter handelte es sich – wie bei Siegmund Kornmehl – um Juden, von denen einige mehr als 30 Jahre in der Berggasse 19 zugebracht hatten.

Den Mikrokosmos, den weniger soziale als politische Differenzen auszeichnete, verwandelte der „Anschluss" an das Dritte Reich in ein dichtes Nebeneinander von Mietern, die systematisch entrechtet wurden, und solchen, die von den neuen, nur für Nichtjuden geltenden verbesserten Mieterschutzbestimmungen profitierten. Im Juni 1938, als die Familie Freud den Weg in ihr Londoner Exil antrat, war mit Ausnahme von Dorothy Burlingham noch keinem der anderen Hausbewohner die Flucht ins rettende Ausland gelungen. Ein Blick auf das Schicksal der vertriebenen Bewohner des Hauses Berggasse 19 macht die Emigration Freuds, der fast sein gesamtes materielles Vermögen mitnehmen konnte, zu einem singulären Fall. Mieter, denen keine vergleichbaren internationalen Fluchthelfer zur Seite standen, gelang die Flucht, wenn überhaupt, nur unter größten Schwierigkeiten, mit langen Zeitverzögerungen und unter Verlust ihres Vermögens.

7 Der Kraftwagenlenker Viktor Heidrich, der in der Wohnung Nr. 17 lebte, war seit 1932 Mitglied der illegalen NSDAP (Wiener Stadt- und Landesarchiv, Bestand der Gau-Akten, Viktor Heidrich 98592).

Die Politik der neuen Machthaber schuf innerhalb weniger Monate rasch Wohnraum für die Wiener Bevölkerung, ohne dafür ein Wohnbauprogramm entwickeln zu müssen. Diese Wohnraumbeschaffung basierte auf den zwangsweise durchgeführten Umsiedlungen der jüdischen Bevölkerung innerhalb der Wiener Stadtgrenzen. Die Wege, die der Verschub von Menschen quer durch die Stadt in Anspruch nahm, verliefen von Zinshaus zu Zinshaus und kreuzten sich häufig im 9. Bezirk. Im Mai 1939 verloren jüdische Mieter, sofern der Vermieter nicht Jude war, den Kündigungsschutz.[8] Vor dem Hintergrund dieser Entrechtung verzeichnete eine penible Kartographie sämtliche Häuser in Wien, in denen Räume an Juden vermietet oder die durch Kündigung bzw. Emigration der Bewohner zur Weitergabe gemeldet waren. Diejenigen, die ihre Wohnung behalten konnten, wurden gesetzlich gezwungen, andere Juden aufzunehmen. Bis Jahresende 1939 leerten sich durch diese Raumbeschaffung an die 48.000 Wohnungen in Wien.[9] In den Stadtplänen und Berichten, welche diese „Umsiedlungsaktion" verzeichnen, liegt das Gebäude Berggasse 19 in einem von diesem Vorgang am stärksten betroffenen Gebiet.[10] Die engen Straßen um die Berggasse verwandelten sich in eine ghettoartige Zone, in deren Zinshäuser zahlreiche Juden zwangsweise in Sammelwohnungen zusammengedrängt wurden. Zwischen Frühjahr 1939 und Frühjahr 1942 lassen sich 79 Juden in dem Gebäude Berggasse 19 nachweisen, die hier Tür an Tür mit nicht jüdischen Mietern bis zu ihrer Deportation untergebracht waren, 31 davon im Laufe der drei Jahre in Freuds ehemaliger Praxis und Wohnung.[11] Einige von ihnen verbrachten hier nur wenige Monate, andere wiederum lebten hier fast zwei Jahre. Nachdem die Deportationsprogramme abgeschlossen waren, wurden die Räume Freuds als Mietwohnungen vergeben und verblieben in diesem Zustand bis 1968 bzw. 1987.

Die Leere, die Freuds Wohnung heute vermittelt, erweist sich selbst schon als szenographischer Eingriff, der mit der Einrichtung des Museums wie ein Stück Schwarzfilm die Geschichte aussetzt. Als 1971 das Museum eröffnet wurde, war diese Geschichte bei weitem noch nicht in die Vergangenheit gesunken und verdichtete sich bei einigen wenigen Besuchern zu einem unheimlichen Eindruck. „Nun liegt sie scheinbar unschuldig da"[12], schrieb die Besucherin Hilde Spiel angesichts der aufpolierten Böden, der neuen Tapeten und der offiziellen Festakte. Transformiert zu einem öffentlichen Gedächtnisspeicher hielt das Wohnhaus weiterhin mehr Fragen bereit, als mit der Einrichtung von Gedenkräumen in Freuds Praxis beantwortet werden konnte. Für Besucher unbetretbar, blieb Freuds geräumige Privatwohnung auf Tür 5 noch bis 1987 von Mietern bewohnt, die hier seit 1942 lebten.[13] Manche Kritiker empfanden es als taktlose Geste, Freuds Praxis, wie nicht ohne antiamerikanischen Affekt betont wurde, den US-Touristen zu öffnen; den Gestaltern der Gedenkstätte, die das Zentrum des Museums bildete, lag allerdings daran, Freud einerseits in die Topographie der Stadt zurückzuholen, andererseits die Verwicklung Österreichs in die Vertreibung zu veranschaulichen.

Mittlerweile hat sich eine Unterscheidung in der Literatur zu Gedächtnisorten eingebürgert,[14] die eine Zweiteilung vornimmt zwischen den älteren Formen der Memorialkultur, die eine positive

8 Vgl. Georg Graf: Der Entzug von Mietrechten. Ein rechtshistorischer und rechtsdogmatischer Bericht unter besonderer Berücksichtigung der Entwicklungen nach der Wiedererrichtung der Republik Österreich. Hg. von der Historikerkommission. Wien: Eigenverlag 2000, S. 12.

9 Vgl. Brigitte Bailer-Galanda, Eva Blimlinger, Susanne Kowarc: „Arisierung" und Rückstellung von Wohnungen in Wien. Die Vertreibung der jüdischen Mieter und Mieterinnen aus ihren Wohnungen und das verhinderte Wohnungsrückstellungsgesetz. Hg. von der Historikerkommission. Wien: Eigenverlag 2000, S. 34.

10 Vgl. Gerhard Botz: Wohnungspolitik und Judendeportation in Wien 1938 bis 1945. Zur Funktion des Antisemitismus als Ersatz nationalsozialistischer Sozialpolitik. Wien, Salzburg: Geyer 1975, S. 74 f.

11 Vgl. S. 26–36.

12 Hilde Spiel: Die Couch blieb in London. In: Frankfurter Allgemeine Zeitung, 18.6.1971.

13 Offizielle finanzielle Entschädigung für ihr Mietrecht erhielten die nach 1942 eingezogenen Parteien in den späten 60er Jahren und in den 80er Jahren von städtischer Seite, als die Räume in ein privates Museum verwandelt wurden, hingegen dauerte es noch bis zum Jahr 2001, bis die österreichische Regierung eine finanzielle Entschädigung der in der NS-Zeit verlorenen Mietrechte in ihre Restitutionspraxis aufnahm.

14 Diese Unterscheidung arbeitet Aleida Assmann heraus in: Erinnerungsräume. Formen und Wandlungen des kulturellen Gedächtnisses. München: Beck 1999.

Bezugnahme auf die Vergangenheit anstrebt, und einer in den letzten Jahrzehnten erst entstandenen jüngeren Memorialpraxis, die eine Bezugnahme auf negative Ereignisse versucht. Im einen Fall versichern sich Gesellschaften mittels Symbolen, Bildern, Monumenten und Ritualen einer heroischen Sinnstiftung, im anderen Fall, der sich als der weitaus schwierigere erweist, wird den Momenten des Leids und der Scham gedacht. Wird die Bezugnahme, die die Freud-Gedenkstätte in den 70er Jahren erlaubte, daran gemessen, lässt sie sich weder dem einen noch dem anderen Typus zuordnen: Freuds Name verwies zwar auf eine leidvolle Erfahrung, doch gelang es, diesen Verlust in das Bild einer „Kulturnation" Österreichs zu integrieren. Positives und negatives Selbstbild verschmelzen darin zu einem Kompromiss, der, nimmt man einen Begriff aus Freuds eigener Gedächtnistheorie zu Hilfe, der Darstellbarkeit einer beunruhigenden Vergangenheit diente.[15]

IV. Die Ausstellung „Freuds verschwundene Nachbarn" verfolgt nicht die Absicht, die Zahl der Gedenktafeln auf dem Haus Berggasse 19 zu vermehren. Sie entstand als Antwort auf eine häufig von Besuchern des Sigmund Freud-Museums gestellte Frage, wer denn neben Freud hier noch gewohnt habe. Diese Frage wurde laut angesichts der Unterteilung des Hauses in Zonen, denen eine bedeutungsvolle und wirkungsmächtige Vergangenheit zu-, und solchen, denen sie abgesprochen wird. Die Ausstellung profitiert von den Potenzialen, die Orte entfalten, die nicht zu den Zwecken historischer Vergegenwärtigung und musealer Selbstvergewisserung geplant worden sind. Als Wohnhaus des späten 19. Jahrhunderts transportiert das Gebäude Geschichte en passant, materialisiert in Baukörpern, Gassenfronten und in Wohnungsgrundrissen. Architektonische Räume, die explizit der Tradierung positiver oder negativer Phänomene dienen, versinnlichen Vergangenes durch eine visuelle Metaphorik, die Erinnerung in vergegenständlichter Form vorprägt, erheben Anspruch auf die Zukunft des Erinnerns. Die Form, die ein Wiener Zinshaus liefert, in dem die Grenzen zwischen gegenwärtiger Alltagsunbeschwertheit und historischer Sedimentation, zwischen Gebrauchs- und Museumswert nicht geklärt werden können, provoziert vielleicht mehr Fragen, ob nach den Bewohnern, der früheren Nutzung oder nach den Prozessen, in denen Musealisierungen verlaufen.

Eine Ausstellung, die sich dem Haus und seinen gewaltsam vertriebenen Bewohnern widmet, steht vor der Schwierigkeit, lediglich das zu exponieren, was immer schon sichtbar ist, nämlich ein anonymes Gebäude, und gleichzeitig die Grenzen zu respektieren, die durch die Nutzung als Wohnhaus entstehen. Ausstellungsgestaltungen der letzten zehn Jahre orientierten sich bis zum Überdruss an einer Kontrastwelt, die mit maximalem technologischem und gestalterischem Aufgebot den Besucher gleichermaßen in einen Zuschauer und Akteur verwandelt, dessen Aktivität darin besteht, in eine szenographierte Erlebniswelt einzutauchen. Die Inszenierungen von Affekträumen, die Erfahrung aus „erster Hand" mittels architektonischer Symbolismen versprechen, spielen oft gewollt oder ungewollt mit einer falschen Analogie zwischen den Erfahrungen, die der Museumsbesucher beim Rundgang durch eine Ausstellung macht, und den gewaltförmigen Erfahrungen der Teilnehmer des

15 Vgl. Sigmund Freud: Die Traumdeutung. In: Ders.: Gesammelte Werke. Bd. II/III. Frankfurt am Main: Fischer 1976, S. 344 ff.

dargestellten historischen Geschehens. Der Verzicht auf eine affektive Dramaturgie darf jedoch keinen Verzicht auf eine Reflexion der eingesetzten gestalterischen Mittel bedeuten. Selbst die scheinbare Abwesenheit gestalterischer Mittel, wie sie in den „naivsten" Darstellungen anzutreffen ist, bedient sich bestimmter, wenn auch nicht bedachter Mittel, um ihre Gegenstände in Szene zu setzen. Eine Ästhetik der „Leere" wird gleichfalls von Rändern gesäumt, die festlegen, was in ihrem Inneren als Leere zu sehen gegeben wird. Eine Erkundung und Klärung solcher Randlagen setzte sich das Projekt „Freuds verschwundene Nachbarn" zum Ziel.

Die inhaltliche Konzeption und die formale Gestaltung orientieren sich zunächst an der Wohnungseinteilung des Hauses, entlang derer sich thematische Vertiefungen zu den einzelnen Bewohnern öffnen. Die acht Wohnungen, aus denen Mieter des Hauses Berggasse 19 vertrieben worden sind, werden jeweils als ein in sich geschichteter Raum in die einzige öffentliche Zone des Hauses, die Freud-Wohnung und -Praxis, projiziert. Alle anderen bleiben als Schatten auf dem Fußboden präsent. Rainer Pirker entwickelte dafür eine transparente Glaskonstruktion, die in drei Ebenen Kommentare, Recherchevorgänge und Funde organisiert. Den Räumen Freuds, die gleichermaßen als Neben- und Hauptakteure der Ausstellung auftreten, wird mit durchsichtigen Einbauten ein Höchstmaß an innerer Ausdehnung und Sichtbarkeit belassen. In der Gestalt von Nebenakteuren lässt sich an ihnen die Situation nach dem Auszug Freuds thematisieren, als Hauptakteure bestimmen sie durch ihre Grundfläche die gesamte Konzeption.

Die gläsernen geschichteten Wände der acht Wohnungselemente, die gleichzeitig auch die fragmentarischen Biographien der Bewohner enthalten, sind wiederum thematisch perspektiviert. Erst der Ausgang der Recherche bestimmte die Schwerpunktsetzung innerhalb der einzelnen Wohnungen, in denen die historischen Fäden unterbrochen wurden, aber auch bis zur Gegenwart reichen können. Anhand der bürokratischen Abläufe rückt jede Wohnung den Blick von den Beraubungen der Mieter hin zur NS-Wohnungspolitik, aber auch zur juristischen Abhandlung der Geschichte in Form der Restitution. Auf der inhaltlichen Ebene wird versucht, die Mittel darzulegen, mit denen die Frage nach den verschwundenen Nachbarn beantwortet werden kann. Es sind dies Recherchen in Archiven, in denen sich bürokratische Überreste, Formulare, Eingaben, Amtsschreiben, in den seltensten Fällen jedoch aus persönlichem Besitz stammende Zeugnisse ablagern. Befassen sich Ausstellungen mit historischen Themen, so erwecken sie rasch den Eindruck, sich ihres dokumentarischen Materials zu schämen. Das Versprechen visueller und sinnlicher Erfahrung scheinen papierene Überreste, wie Briefe, Formulare und Akten, nicht einlösen zu können. Gegen diese Tendenz wird in der Gestaltung der Ausstellung die aktenmäßige Evidenzführung einer noch immer beunruhigenden Geschichte zum Thema gemacht. Die Biographien, die sich aus Aktenstücken zusammensetzen lassen, bleiben schemenhaft. Oft ist nicht mehr vorhanden als ein Meldezettel, der auf einen Namen verweist. Die Textur aus Akten, die von 1938 bis in die Gegenwart führt, berichtet von den bürokratischen Prozessen der NS-Behörden, die den Nachbarn Freuds aufgezwungen wurden. Darüber hinaus geht es um aktenmäßige

Vergangenheitssichtungen, die von staatlicher Seite in Form der Restitutionsgesetzgebung betrieben oder vermieden wurden und die, abseits der Gedenkstätten und medialen Repräsentationen, einen Teil einer Erinnerungsgeschichte an die Shoa bilden.

Auf den Einsatz illustrativen Fotomaterials, das nicht im unmittelbaren Zusammenhang mit den Bewohnern steht, wurde verzichtet, um anstelle dessen Akten als visuelles Material einzusetzen. Stempel, handschriftliche Vermerke, Signaturen und Kodierungen verzeichnen in lakonischen, verharmlosenden Verknappungen die Schriftspuren der Täter, verbinden sich zu einem Schriftrahmen, der die Vertreibung und Vernichtung in ihrer anonymen Dimension speichert. Je länger ein ehemaliger Bewohner oder dessen Nachfahren Kontakt mit Behörden halten, desto deutlicher tritt jener „aktenkundig" hervor. Die Dokumente entstammen keineswegs den Zusammenhängen einer zufälligen Überlieferung, vielmehr ist ihre Tradierung selbst schon Teil einer Geschichte der Zweiten Republik. Aktenbestände, die vor allem im Zusammenhang mit der verschleppten österreichischen Restitution entstanden, kamen in den Reißwolf, sodass mitunter zwar „Arisierungs"-Vorgänge, nicht aber die Vorgänge verweigerter oder nur teilweise erfolgter Restitutionen aufscheinen. Andere Bestände wiederum sind erst seit den späten 90er Jahren zugänglich, als die Arbeit der Historikerkommissionen eine Öffnung der Archive erzwang. Archive umgrenzen keinen sicheren Ort, an denen Spuren des Geschehens unbehelligt verwahrt werden, sie sind, wie Freud lange vor dem Historiker der Gedächtnisorte Pierre Nora schreibt, Speicher, deren Karteikästen, Aktenbündel und Fundhilfen Vergangenes zwar überliefern, aber nur um den Preis der Zensur.[16]

Zu den Forderungen, die heute an Museen gestellt werden und an denen sich vorgeblich ihre Aktualität bemisst, gehört diejenige nach interaktiven Formen der Vermittlung. Abgestellt auf technische und pädagogische Mittel, vergisst diese Forderung, dass Museen als Räume, die historisches und gesellschaftliches Bewusstsein formen, immer schon an einem Kollisionspunkt zwischen den individuellen Erinnerungen der Besucher und öffentlichen Gedächtnispraktiken agieren. Museen lassen sich nur unter Ausblendung der Besucher als Zonen begreifen, die einem kollektiven Gedächtnis, verstanden als einer einförmigen Erinnerungspraxis, dienlich sind. Gerade um den Eindruck einer solchen Homogenität zu vermeiden, wurde eine Toninstallation im Zentrum der Ausstellung realisiert, die zum einen die Spannungen auslotet, die zwischen individuellen Erinnerungen und öffentlichen Gedächtnisräumen entstehen. Zum anderen überlagern sich darin noch einmal die Zonen der Aura und des Alltags, des Museumswerts und Gebrauchswerts, der das Gebäude Berggasse 19 auszeichnet.

Zweimal passieren die Besucher einen Hörraum, eingerichtet in einem Durchgangszimmer, der Ausschnitte aus Interviews mit Nachkommen, heutigen Hausbewohnern, Besuchern und Psychoanalytikern versammelt. Eine Polyphonie aus Erinnerungen, Erfahrungen und Vorstellungsbildern, die mit den Räumen eines Wiener Zinshauses assoziiert werden, entfaltet ihr Echo. Hausbewohner beschweren sich über schlecht isolierte Fenster, über Touristen, die sich im Stiegenhaus verirren, einer davon erinnert sich an die NS-Sammelwohnungen an dieser Adresse. Für manche Psychoanalytiker

16 Vgl. Sigmund Freud: Zum psychischen Mechanismus der Vergesslichkeit. In: Ders.: Gesammelte Werke. Bd. I. Frankfurt am Main: Fischer 1976, S. 526.

wiederum verwandeln sich die Räume in einen Ort der Offenbarung. Resonanzen ertönen, in denen das Haus ein imaginäres Eigenleben entfaltet, das von keiner Aktenführung, aber auch von keinem Versuch einer visuellen Materialisierung eingefangen werden kann.

Freuds verschwundene Nachbarn

Katalog

Thomas Hübel
Birgit Johler
Lydia Marinelli

Parterre, Tür 2ab (Gassenlokal)

Die koschere Fleischerei von Siegmund Kornmehl (1868–1942) war ein gut gehendes Unternehmen: Mit der Zentrale in der Berggasse 19 und zwei Filialen in der näheren Umgebung war er in der Zwischenkriegszeit Lieferant der wichtigsten jüdischen Pflegeanstalten Wiens, darunter das Spital und Altersheim der Israelitischen Kultusgemeinde Wien. Im Oktober des Jahres 1938 wurde der Fleischer gezwungen, seine drei Geschäfte unter der Aufsicht eines kommissarischen Verwalters zu schließen. Sein verbliebenes Betriebsvermögen wurde durch das anschließende Liquidationsverfahren aufgebraucht, aus dem Gewerberegister gelöscht wurde die Firma im Dezember 1939. Zu diesem Zeitpunkt befand sich Siegmund Kornmehl mit seiner Frau bereits im rettenden Ausland: Im Mai hatten sie sich nach Palästina abgemeldet, wofür sie u. a. über 100.000 Reichsmark an „Reichsfluchtsteuer" bezahlen und ihr Vermögen sowie ihre Wertgegenstände an die NS-Behörden abliefern mussten.

Vermögensaufstellung Siegmund und Helene Kornmehl an die Vermögensverkehrsstelle, 1938
Österreichisches Staatsarchiv, Archiv der Republik

Diese Differenz setzt sich aus folgenden Ausgaben zusammen:

Zahlung an Kreditverein der Gemeinde Wien	RM 3.500.--
Steuerzahlung Finanzamt Alsergrund Einkommensteuer	23.833.--
Zahlung an Kreditanstalt für Garantie D.Schmerling	3.268.--
Verlust bei Fleischhauerei vom März bis 15.8.38	21.000.--
" " Geschäft lt.komm.Verwaltung vom 15.8 - 21.1o.	22.000.--
Abfertigungen für Angestellte	8.548.--
erste Rate Judenvermögensabgabe	14.350.--
Vermittlungsgebühren und Reparaturen für das verkaufte Haus	9.000.--
Verlust bei I.Grossbard,Einlösung der Wechsel bei Kreditanstalt	3.200.--
Verlust beim Ausgleich der Forderung an Kaffee Viktoria	16.667.--
Zahlung an Kultusgemeinde für Palästinazertifikat	70.000.--
Unterstützungen an Verwandte für Ausreise und Unterhalt	6.000.--
Kursverlust und valutarische Verluste bei den Effekten	37.841.--
Expesen	3.180.--
	RM 282.387.--

Die sich ergebende Differenz habe ich zu Zwecken der Lebenshaltung verbraucht.

Siegmund und Helene Kornmehl besaßen drei Häuser. Deren Verkauf wurde von der Vermögensverkehrsstelle abgewickelt und der Verkaufserlös für die drei Liegenschaften auf ein Sperrkonto der Z-Sparkasse der Gemeinde Wien mit der Bezeichnung „Entjudungserlös" überwiesen. Nach und nach wurde den ehemaligen Besitzern „Sühneabgaben" abgezogen, auf diese Weise verfiel die gesamte Verkaufssumme dem Deutschen Reich. Im Gassenlokal der Berggasse 19 hatte mittlerweile eine Firma für Luftschutzausrüstungen eine Verkaufsfiliale eingerichtet.

Siegmund Kornmehl starb 1942 in Tel Aviv, seine Frau Helene versuchte nach 1945 von Palästina aus, die Rückstellung ihres entzogenen Vermögens zu beantragen. Das Haus in der Währinger Straße meldete im November 1946 der „Erwerber" als entzogenes Vermögen an, zwei Jahre später erhielt Helene Kornmehl die Liegenschaft zurück. Allerdings hatte sie dem Käufer ihres Hauses im Sinne des dritten Rückstellungsgesetzes den Kaufpreis von 1939 fast eins zu eins in Schilling zu bezahlen, mit der Begründung, dass ihr und ihrem Mann der gesamte damalige Kaufpreis ja „zur freien Verfügung" gestanden sei. Dass dieses Geld auf einem Sperrkonto gelegen war und die Nationalsozialisten von diesem Vermögen „Reichsfluchtsteuer" und „Judenvermögensabgabe" abgezogen hatten, wurde von der Rückstellungskommission nicht beachtet. Entsprechend dem Gesetz blieben auch die seit der „Arisierung" erzielten Mieteinkünfte unberücksichtigt.

Erkenntnis der Rückstellungskommission, 28.5.1948
MA 8 – Wiener Stadt- und Landesarchiv

1.) Der Antragsgegner ist schuldig, der Antragstellerin die Liegenschaft EZ. 1579, Grundbuch Währing, Haus am Gertrudplatz Nr.8, 225/26 Bauarea, Zug um Zug gegen Bezahlung von S 56.400.- durch die Antragstellerin, zurückzustellen und in die Einverleibung des Eigentumsrechtes ob dieser Liegenschaft zu Gunsten der Antragstellerin einzuwilligen. All dies binnen 3 Monaten, bei sonstiger Exekution.

2.) Der Antrag auf Rückstellung der von der Liegenschaft vom Zeitpunkt der Entziehung bis zur Zustellung des Rückstellungsantrages, d.i.17.11.1947, bezogenen Erträgnisse, wird abgewiesen.

Die Rückstellung der beiden anderen Häuser verlief ähnlich. Helene Kornmehl und nach ihrem Tod ihre Adoptivtochter Stella hatten an die einstigen Erwerber ihrer Liegenschaften Zahlungen zu leisten, um die Häuser zurückgestellt zu bekommen. In einem Fall verzichtete die Adoptivtochter auf die Rückstellung, da ihr wohl der zu zahlende Betrag zu hoch gewesen war. Sie erhielt stattdessen eine geringe Nachzahlung seitens des Käufers. Für geleistete „diskriminierende Zahlungen" ihrer Adoptiveltern in der Höhe von rund 245.000 Reichsmark erhielt Stella Löwinger weniger als ein Fünftel. Als Begründung wurde ihre zu späte Adoption angeführt: Da sie erst nach dem Tod von Siegmund Kornmehl von Helene Kornmehl adoptiert wurde, konnte sie nur die von ihrer Adoptivmutter bezahlten Steuern geltend machen.

Die Rückstellungsgesetzgebung in Österreich wurde mehr aufgrund äußeren Drucks als aus eigener Motivation im Parlament behandelt. Die Verordnung der provisorischen Staatsregierung zur Anmeldung entzogenen Vermögens im Jahre 1946 verpflichtete die „Ariseure", das Vermögen, das sie den Juden entzogen hatten, den Behörden bekannt zu geben. Diese Anmeldungen sollten in einem ersten Schritt das Ausmaß der zu erwartenden Rückstellungsansprüche überschaubar machen.

Anmeldung entzogener Vermögen für die Liegenschaft Währinger Straße 97, 16.6.1946
MA 8 – Wiener Stadt- und Landesarchiv

2.†) Geschädigter Eigentümer — Berechtigter [§ 3, Abs. (1), Punkt 2, der VEAV.].

	Name: Familienname	Name: Vorname	Staatsbürgerschaft	Anschrift
am 13. März 1938*)	KORNMEHL	Siegmund u.Helene	Oesterreich	9.Bergg.18
am Tage des Eigentumsüberganges*)	"	"	"	"
im Zeitpunkt der Erstattung der Anmeldung*)	"	Helene verstorben	unbekannt	Tel Aviv Palästina

†) Stand das entzogene Vermögen im Gesamteigentume mehrerer Personen, sind auf einem Beiblatte die gleichen Angaben hinsichtlich jeden einzelnen Miteigentümers zu machen.

Von 1946 bis 1949 wurden sieben Rückstellungsgesetze erlassen, beim dritten regte sich seitens der „Rückstellungsbetroffenen", also der „Ariseure", heftiger Widerstand. Unter den Westalliierten beobachteten besonders die USA die Restitutionsgesetzgebung und legten immer wieder Protest gegen geplante Verschlechterungen ein. Auch der Staatsvertrag verpflichtete Österreich zur Rückgabe entzogenen Vermögens. Allerdings dauerte es bis in die 60er Jahre, bis entzogene Bankguthaben, Wertpapiere oder auch die Zahlung „diskriminierender Abgaben" wie der „Judenvermögensabgabe" und der „Reichsfluchtsteuer" entschädigt wurden und das erblos und unbeansprucht gebliebene Vermögen ermordeter Juden auf die Opfergruppen aufgeteilt wurde.[1] Komplizierte Antragstellungen, kurze Fristen und langwierige Restitutionsverfahren schreckten jedoch viele Betroffene ab, Anträge zu stellen.

Radiogram, Headquarters of the United States Forces, New York to Austria Legal Division, Vienna (US-Sector), 28.2.1947
Archiv der Österreichischen Gesellschaft für Zeitgeschichte

AUB22/QRC356/SJ NEWYORK 46 FEB28 1247P   FEB 28 1947 10 05 PM
NLT HEADQUARTERS UNITED STATES FORCES
AUSTRIA LEGAL DIVISION APO 777 VIENNA =
REFERRING OUR OPINION JANUARY 4 WE JOIN PROTEST AMERICAN
JEWISH CONFERENCE AGAINST THIRD AUSTRIAN RESTITUTION LAW
AS UNCONSTITUTIONAL AND VIOLATING LONDON DECLARATION
PARTICULARLY IN SECTIONS FOUR FIVE AND SIX AMERICAN STUDY
COMMITTEE ON EUROPEAN LEGAL PROBLEMS.

Eine Regelung für während der NS-Zeit entzogene Rechte an gemieteten Wohnungen oder Geschäftslokalen blieb in Österreich für lange Zeit aus. Opfer des NS-Regimes hatten zwar theoretisch Anrecht auf eine rasche Wohnungszuweisung, doch kein Recht, ihre ehemalige Wohnung zurückzuerhalten. Zudem gelang es zahlreichen ehemaligen Nationalsozialisten, die in den letzten Kriegswochen von Wien weiter in den Westen geflüchtet und deren Wohnungen mittlerweile an Verfolgte vergeben worden waren, durch Klagen ihre Wohnungen wieder zurückzubekommen. In der Praxis verursachte diese Vorgangsweise neue Delogierungen der zurückgekehrten Juden oder erzwang das Zusammenleben von Vor- und Nachmietern.

Es sollte bis ins Jahr 2001 dauern, bis die österreichische Regierung entzogene Mietrechte symbolisch entschädigte.[2] Die Nachbarn Freuds, von denen keiner nach 1945 wieder die alte Wohnung bezog, erreichte diese Form der Entschädigung nicht mehr. Bald nach ihrer Vertreibung waren hier neue Mieter eingezogen, denen die Wohnung vom NS-Wohnungsamt zugewiesen worden war und die über 1945 hinaus rechtlich gültige Mietverträge hatten.

Zinsgroschensteuererklärung mit Unterschriften der Hauptmieter der Berggasse 19, 1929
Stadt Wien – Wiener Wohnen

Türnummer (Wohnungsnummer)	Vor- und Zuname des Inhabers des Mietgegenstandes	Bei Monatszinsen ist ein M, bei Vierteljahreszinsen ein V einzusetzen	Bemessungsgrundlage (siehe Belehrung auf Seite 1) Kronen	Jahressteuerbetrag S	g	Der Inhaber des Mietgegenstandes bestätigt hier mit seiner Unterschrift die Richtigkeit und Vollständigkeit der gemachten Angaben	Amtliche Richtigstellung der Bemessungsgrundlage Kronen	Amtliche Richtigstellung des Steuerbetrages S	g	Anmerkung
1	Herfert Adolf	zinsfrei								
2/a 2/b	Sigmund Kornmehl	V	1740	17	40	[illegible]				

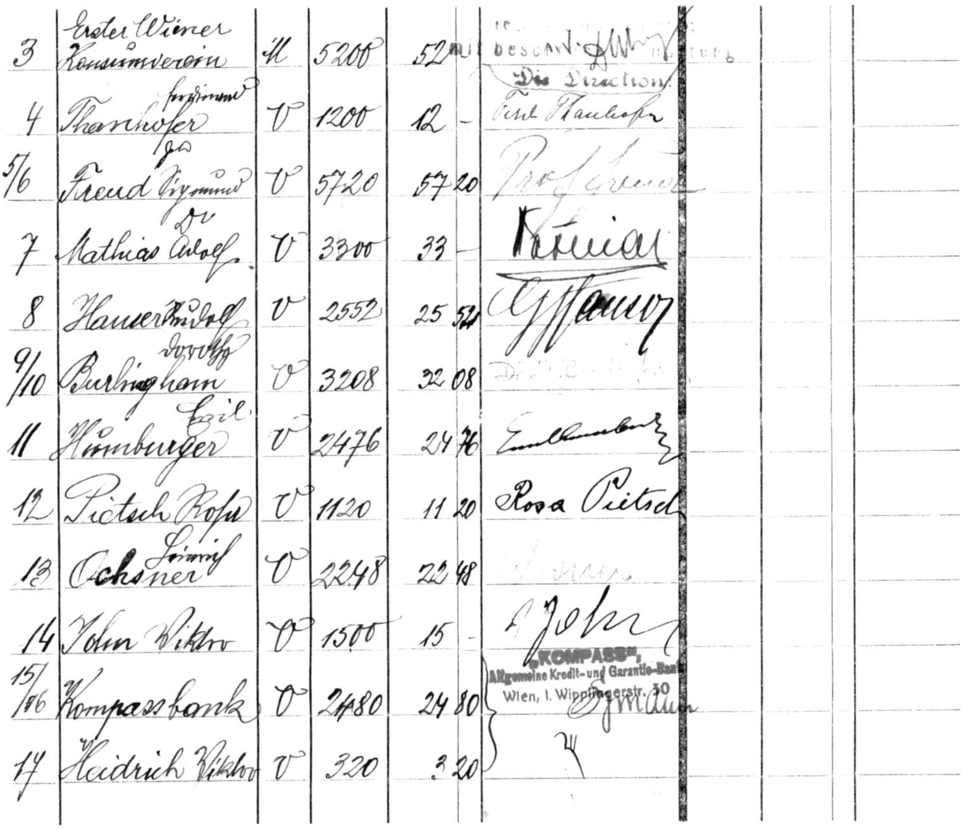

3	Erster Wiener Konsumverein	U	5200	52	Die Direction
4	Thanhofer	V	1200	12 -	
5/6	Freud Sigmund	V	5720	57 20	
7	Mathias Adolf	V	3300	33 -	
8	Hauser Rudolf	V	2552	25 52	
9/10	Burlingham Dorothy	V	3208	32 08	
11	Homburger Erik	V	2476	24 76	
12	Pietsch Rosa	V	1120	11 20	Rosa Pietsch
13	Ochsner	V	2248	22 48	
14	John Viktor	V	1500	15 -	
15/16	Kompassbank	V	2480	24 80	„KOMPASS", Allgemeine Kredit- und Garantie-Bank Wien, I. Wipplingerstr. 30
17	Haidrich Viktor	V	320	3 20	

Im Jahr 1995 wurde der Nationalfonds der Republik Österreich für Opfer des Nationalsozialismus, der symbolische Entschädigungszahlungen leistet, eingerichtet und drei Jahre später die Historikerkommission. Damit wurde ein Zeichen gesetzt, die eigene umstrittene Restitutionspraxis zu hinterfragen.

Bis in die 90er Jahre folgte das offizielle Selbstbild Österreichs einem politischen Gründungsmythos, in dem sich der Staat seinerseits als Opfer betrachtete und von Verantwortung freisprach. Die in den letzten Jahren geführten Debatten über die verschleppte Entschädigungspraxis ändern zwar das historische Selbstbild, geraten aber leicht in den Sog einer Perspektive, die eine noch immer verstörende Geschichte auf juristische und ökonomische Momente reduziert.

1 Brigitte Bailer-Galanda: Die Rückstellungsproblematik in Österreich. Referat anlässlich der Tagung „Arisierung und Restitution. Die Rückerstattung jüdischen Eigentums in West- und Ostdeutschland nach dem Zweiten Weltkrieg und nach der Wiedervereinigung", Albert-Ludwigs-Universität Freiburg, 14.10.2000. Im Internet: http://www.doew.at/thema/rueckstell/bailer.html (12.2.2003).

2 Vgl. Brigitte Bailer-Galanda, Eva Blimlinger, Susanne Kowarc: „Arisierung" und Rückstellung von Wohnungen in Wien. Die Vertreibung der jüdischen Mieter und Mieterinnen aus ihren Wohnungen und das verhinderte Wohnungsrückstellungsgesetz. Hg. von der Historikerkommission. Wien: Eigenverlag 2000.

Mezzanin, Tür 5

Ohne Wohnraum

Die im 1. Stock gelegene Wohnung Nr. 5 hatte Sigmund Freud (1856–1939) über 40 Jahre für sich und seine Familie als Privatwohnung gemietet. Schon am 15. März, zwei Tage nach dem „Anschluss" Österreichs an das nationalsozialistische Deutschland, wurde Freuds Wohnung polizeilich durchsucht und wenige Tage später seine Tochter Anna von der Gestapo verhört. Angesichts der antisemitischen Ausschreitungen versuchte Freud mit Unterstützung einflussreicher ausländischer Freunde das Land zu verlassen. Es kostete lange Verhandlungen, bis Ausreisevisa für Freud, seine Familie, seinen Arzt Max Schur und sein Hausmädchen Paula Fichtl genehmigt wurden. Bevor er allerdings eine Ausreisegenehmigung erhielt, musste er sein Geldvermögen angeben, sein Mobiliar und seine Antikensammlung schätzen lassen und den Betrag von 31.329 Reichsmark, fast ein Drittel des angegebenen Vermögens, als „Reichsfluchtsteuer" zahlen.[1] Nur mithilfe von Marie Bonaparte gelang es ihm, diese Zwangsabgabe aufzubringen. Um seine Möbel, seine archäologische Sammlung und seine Bibliothek nach London senden zu können, waren schikanöse bürokratische Hürden zu nehmen, beschwichtigende Erklärungen abzugeben und mehrere Fragebögen auszufüllen.

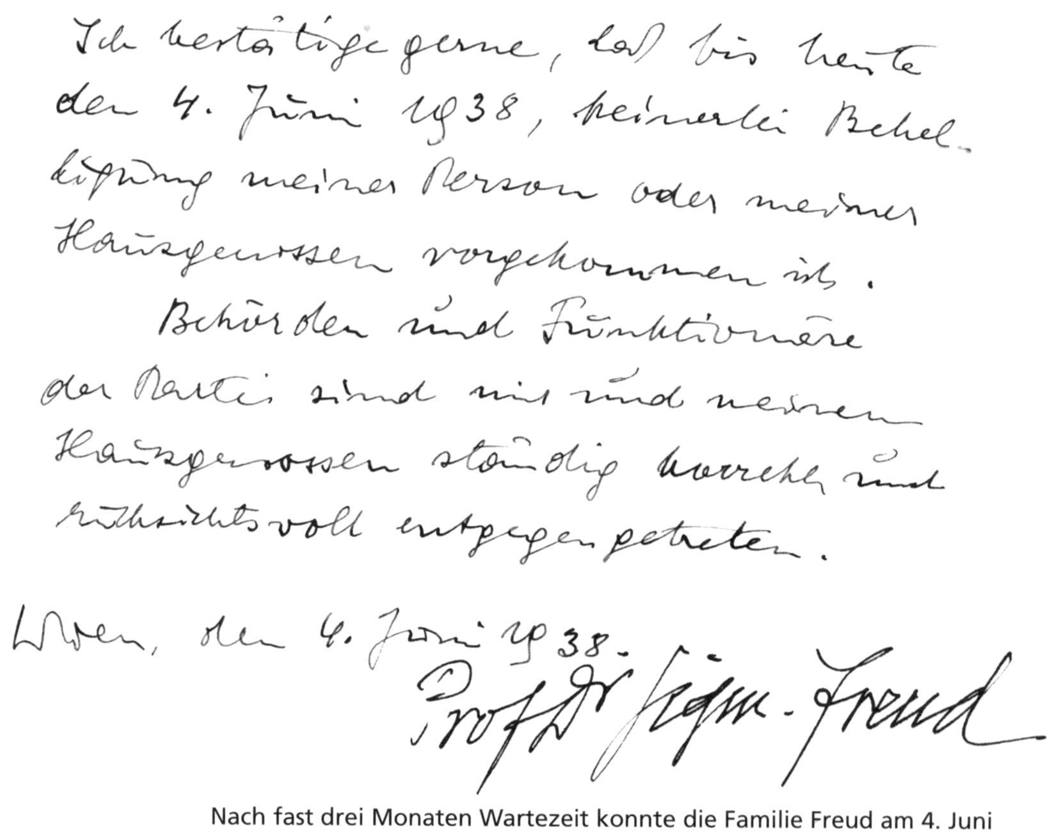
Ich bestätige gerne, daß bis heute den 4. Juni 1938, keinerlei Behelligung meiner Person oder meiner Hausgenossen vorgekommen ist.
Behörden und Funktionäre der Partei sind mir und meinen Hausgenossen ständig korrekt und rücksichtsvoll entgegengetreten.
Wien, den 4. Juni 1938.
Prof Dr Sigm. Freud

Von Rechtsanwalt Alfred Indra aufgesetzte Erklärung mit Unterschrift Sigmund Freuds, 4.6.1938
Österreichische Nationalbibliothek, Handschriften-, Autographen- und Nachlass-Sammlung

Nach fast drei Monaten Wartezeit konnte die Familie Freud am 4. Juni 1938 endlich ihre Reise ins Londoner Exil antreten. Aufgrund seiner internationalen Verbindungen gehörte Freud zu den wenigen Einzelfällen, die einen Großteil ihres materiellen Vermögens mitnehmen konnten. Sein Sohn Martin kündigte zum August die Wohnung mit der Begründung „Auswanderung".

Kündigender: Prof.Dr.Sigmund F r e u d, Nervenarzt, Wien,
(Name, Beschäftigung, Wohnort)
IX., Berggasse 19,

Sein Vertreter
(Zustellungsbevollmächtigter):
(Name, Beschäftigung, Wohnort)

Dr. MARTIN FREUD
RECHTSANWALT
WIEN, IX., BERGGASSE
TEL. A-14-0-80, A-14-5-...

Vollmacht des Vertreters vom 21.IV.1938 beigelegt.

Kündigungsgegner: 1.) Lili P e s c h l, 2.) Karl L i t t m a n n, beide Eigentümer des Hauses, IX., Bergg.19,
(Name, Beschäftigung, Wohnort)

zu Handen des Hausverwalters Rudolf E n g e l m a n n, Wien, VI., Gumpendorferstrasse 76, (Behördl.Autor.Gebäudeverwaltung)

Ich kündige der Gegenseite die im Hause in

Wien, IX., Berggasse 19,

gegen 8 - 14 tägige - viertel - halbjährige Kündigung

gemietete Wohnung Nr. 5 und 6 ~~Geschäftslokal Nr.~~

für den ~~XX.~~ -Termin August /1938 (1.August)

gerichtlich auf und beantrage,

der Gegenseite aufzutragen, den oben angegebenen Bestandgegenstand zur angeführten Zeit um 12 Uhr mittags bei Exekution ~~zu übergeben~~ - zu übernehmen - oder gegen die Aufkündigung Einwendungen anzubringen.

Kündigungsgrund: Auswanderung

Kündigung der Mietwohnung Nr. 5 und 6 durch Sigmund Freud, vertreten durch Martin Freud, 7.5.1938
Sigmund Freud-Museum Wien

Im Frühjahr 1939 bezogen die ersten neuen Mieter die leer gewordene Wohnung Nr. 5 – so wenig freiwillig, wie die alten Bewohner die Wohnung verlassen hatten, so wenig freiwillig zogen die neuen ein. Bereits ab April 1938 waren jüdische Mieter aufgefordert worden, ihre Wohnung binnen kurzer Zeit zu verlassen, ein Jahr später, im Mai 1939, wurde der Kündigungsschutz gegenüber jüdischen Wohnparteien weitgehend aufgehoben. Dies bedeutete, dass nur diejenigen jüdischen Mieter, deren Vermieter ebenfalls Juden waren, weiterhin in ihren Wohnungen bleiben konnten. Im Gegenzug wurden diese jüdischen Mieter gesetzlich verpflichtet, Juden auf Verlangen der Behörde als Untermieter aufzunehmen. Für die in der NS-Propaganda als Volk ohne Raum stilisierte „arische" Bevölkerung entstand dadurch ohne bauliche Maßnahmen rasch neuer Wohnraum. Die jüdische Bevölkerung hingegen wurde in bestimmten Häusern zwangsweise zusammengedrängt.

Verlautbarung des Leiters der Hauptabteilung Wohnungs- und Siedlungswesen, 9.6.1939
Österreichisches Staatsarchiv, Archiv der Republik

2.) Da der herrschende Mangel an Wohnungen in der Stadt Wien sehr gross ist, wird von der im Gesetz gegebenen Möglichkeit der Unterbringung mehrerer jüdischer Familien i n e i n e r grösseren Wohnung weitgehenst Gebrauch gemacht werden müssen.

3.) Die jüdischen Mieter werden aufgefordert diese Umsiedlung freiwillig und zwar in kürzester Zeit vorzunehmen, da sonst zur zwangsweisen Umsiedlung geschritten werden müsste. Angeraten wird, sich bei oben bezeichneter Dienststelle die Gewähr zu holen, dass der eventuell selbst gefundene neue Wohnraum auch tatsächlich als solcher für Juden vorgesehen ist oder aber sich dort einen solchen zuteilen zu lassen.

Während die Mietverträge von circa 35.000 jüdischen Haushalten[2] innerhalb weniger Monate offiziell gekündigt wurden, erhielten die nicht jüdischen Haushalte bessere Mieterschutzbestimmungen. Selbst für Nachkommen von Kindern aus so genannten Mischehen enthielt das neue Gesetz eine Regelung: Nach der herrschenden Rassenideologie galt es zu verhindern, dass diese in Häusern aufwuchsen, die Juden vorbehalten waren.[3]

In einzelnen Wiener Stadtgebieten entstanden im Lauf des Sommers rasch ghettoartige Situationen. Besonders dramatisch gestaltete sich die Lage im 9. Bezirk im Bereich der Berggasse und der Porzellangasse.[4] Durch Zwangszuweisungen waren bereits im Herbst in einzelnen Haushalten über zehn Personen untergebracht. Die Ortsgruppenleiter legten Pläne ihrer Verwaltungsgebiete an, die immer detaillierter die Belegung der einzelnen Häuser erfassten, und gaben regelmäßig Bericht über die Situation. Die Häuser Berggasse 17 und Berggasse 19 gehörten in den Aufzeichnungen des Ortsgruppenleiters für den Stadtteil Roßau zu den am dichtesten belegten Gebäuden der Straße.

Schreiben der NSDAP, Ortsgruppenleitung Roßau, an den Kreisleiter und die Kreisgeschäftsführung, 3.10.1939
MA 9 – Wiener Stadt- und Landesbibliothek

Im Gebiet der Zelle 2 (Wasagasse 20 bis 24, Thurngasse bis Porzellangasse, Porzellangasse 11 bis 1, Berggasse 21 bis 7) scheinen 165 weibliche und 128 männliche Juden insgesamt also 293 auf. Davon wohnen im Hause,Berggasse 15, 29 Juden (z.B. auf Tür 6 9 und auf Tür 9 8 Juden,wobei die Wohnung auf Tür 9 aus 1 Zimmer und 2 Kabinetten besteht !!), auf Berggasse 17 69 Juden,darunter z.B. auf Tür 11 gleich 10 Juden, und auf Berggasse 19 bei 17 Wohnungen ca.43 Juden.

Auch die Privatwohnung der Familie Freud diente nach ihrer Vertreibung als Sammelwohnung, in die seit April 1939 zahlreiche Juden eingewiesen wurden. Es handelte sich zunächst um sechs Personen, die Klavierlehrerin Friederike Königsberger, den Pensionisten Simon Aubauer, die Hausfrau Irma Mellinger, Mina Springer und ihre beiden Söhne, den Lehrer Julius und den Kaufmann Emil Springer. Üblicherweise musste in den Sammelwohnungen eine der eingewiesenen Personen als Wohnungsgeber auftreten, in diesem Fall war es Friederike Königsberger.

Meldezettel, Frieda Königsberger, 13.4.1939
MA 8 – Wiener Stadt- und Landesarchiv

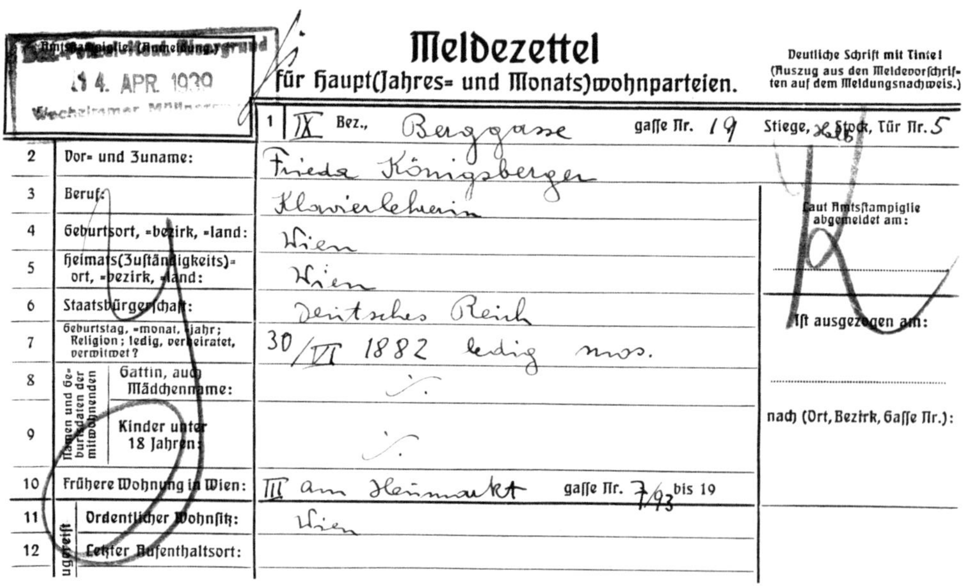
Meldezettel
für Haupt(Jahres- und Monats)wohnparteien.

Deutliche Schrift mit Tinte!
(Auszug aus den Meldevorschriften auf dem Meldungsnachweis.)

14. APR. 1939

1	IX Bez., Berggasse gasse Nr. 19 Stiege, Stock, Tür Nr. 5	
2	Vor- und Zuname:	Frieda Königsberger
3	Beruf:	Klavierlehrerin
4	Geburtsort, -bezirk, -land:	Wien
5	Heimats(Zuständigkeits)-ort, -bezirk, -land:	Wien
6	Staatsbürgerschaft:	Deutsches Reich
7	Geburtstag, -monat, -jahr; Religion; ledig, verheiratet, verwitwet?	30/VI 1882 ledig mos.
8	Namen und Geburtsdaten der mitwohnenden Gattin, auch Mädchenname:	–
9	Kinder unter 18 Jahren:	–
10	Frühere Wohnung in Wien:	III am Heumarkt gasse Nr. 7/93 bis 19
11	Ordentlicher Wohnsitz:	Wien
12	Letzter Aufenthaltsort:	

Laut Amtsstampiglie abgemeldet am:
Ist ausgezogen am:
nach (Ort, Bezirk, Gasse Nr.):

Alle anderen Personen traten als Unterparteien auf. Friederike Königsberger hatte für die Einhaltung der Hausordnung zu sorgen und die

Gelder von den Untermietern einzutreiben, die zu diesem Zeitpunkt keinerlei Anrecht mehr auf Mieterschutz genossen. Bis zum Dezember 1941 folgten weitere elf Personen, von denen einige bereits aus anderen Sammelwohnungen in die Wohnung Freuds weiterverwiesen wurden.

Die neuen Bewohner waren Wiener Juden, die sich angesichts ihres fortgeschrittenen Alters kein Leben in der Emigration mehr vorstellen konnten oder denen die Flucht nicht geglückt war, unter ihnen der Arzt Philipp Spielmann. Obwohl seine Tochter Josephine mit einem US-Bürger verheiratet war, gelang es weder ihm noch seiner Tochter zu emigrieren. Manche in die Wohnung eingewiesene Juden wie die beinahe 80-jährige Anna Toch wurden gezwungen, noch ein weiteres Mal umzuziehen.

Kriegsmeldekartei, Anna Toch, 1939–1942
MA 8 – Wiener Stadt- und Landesarchiv

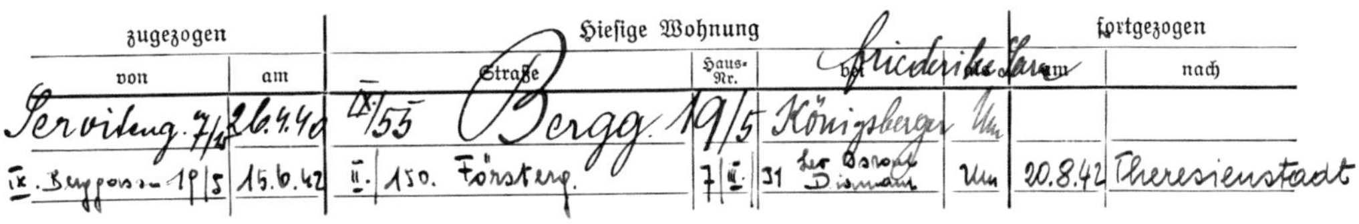

Alle 17 Personen, die auf Tür Nr. 5 gewohnt haben, wurden 1942 im Zuge der groß angelegten Deportationen in Konzentrationslager und Ghettos verschleppt und dort ermordet. Danach zogen in die frei gewordene Wohnung Mieter, die bis zur Übernahme der Räumlichkeiten durch die Sigmund Freud-Gesellschaft an dieser Adresse wohnten.

Von den fünf Schwestern Freuds blieben Pauline Winternitz, Marie Freud, Adolfine Freud und Rosa Graf in Wien und wurden ebenfalls in eine Sammelwohnung in der Biberstraße 14 zwangsweise einquartiert. Rosa Graf, die zweitälteste Schwester Freuds, hatte mehrere Jahre im Haus Berggasse 19 in der Wohnung Nr. 6 gewohnt. Nach ihrem Auszug im Jahre 1908 hatte Freud seine Praxis vom Hochparterre in die Räume dieser Wohnung verlegt.

Die Versuche Anna Freuds, ihre Tanten zu retten, scheiterten. Erhalten geblieben sind Briefe der Schwestern an den von den NS-Behörden eingesetzten Vermögensverwalter Erich Führer, die einen Eindruck von der Situation in den Sammelwohnungen geben:

Marie Freud, Adolfine Freud und Pauline Winternitz an Erich Führer, 15.1.1941
Sigmund Freud-Museum Wien

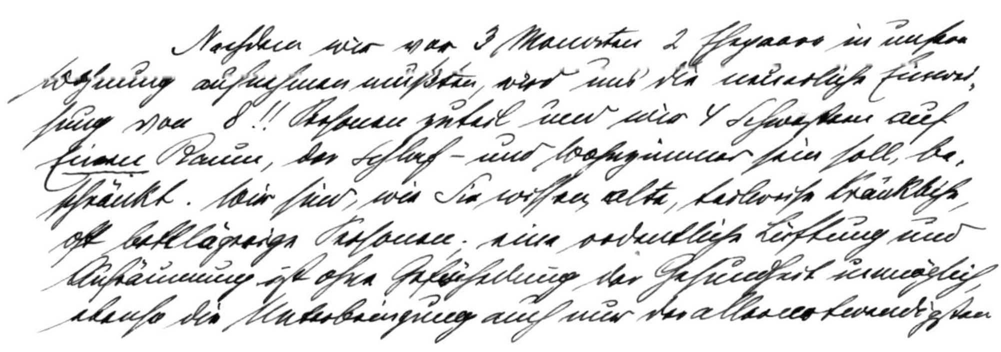

Sehr verehrter Herr Doctor!
Die äußerste Not zwingt uns, trotz Ihrer ablehnenden Haltung in der Wohnungsfrage an Ihre Hilfe zu appellieren.
Nachdem wir vor 3 Monaten 2 Ehepaare in unsere Wohnung aufnehmen mußten, wird uns der neuerliche Zuzug von 8 Personen !! zuteil und wir 4 Schwestern auf <u>*Einem*</u> *Raum, der Schlaf- und Wohnzimmer sein soll, beschränkt. Wir sind, wie Sie wissen, alte, teilweise kränkliche, oft bettlägrige Personen. Eine ordentliche Lüftung und Aufräumung ist ohne Gefährdung*

der Gesundheit unmöglich, ebenso die Unterbringung auch nur der allernotwendigsten Gebrauchsgegenstände. Das einfachste Gebot der Menschlichkeit spricht gegen einen solchen Zwang, und wir können nicht glauben, daß Sie einer solchen Anordnung fühllos gegenüber stehen und uns Ihre Hilfe versagen werden.
Wir wenden uns deshalb an Sie, sehr verehrter Herr Doctor, als unseren Vertreter, mit der ergebensten Bitte, ausnahmsweise und unter Betonung der Dringlichkeit, beim Referenten der Judenumsiedlung des Wohnungsamtes für den I. Bezirk die Beschränkung der Neueinweisung von 8 Personen auf 4 Untermieter zu erbitten, für welch letztere bereits Vorsorge getroffen wurde.
In der sicheren Erwartung, daß Sie unserem verzweifelten Hilferuf Gehör schenken werden, zeichnen wir hochachtungsvoll
Marie Freud, Adolfine Freud, Pauline Winternitz

Schwestern Freud an Erich Führer,
15.1.1941
Sigmund Freud-Museum Wien

Noch am selben Tag schrieben die Schwestern Freuds einen weiteren Brief an Erich Führer:

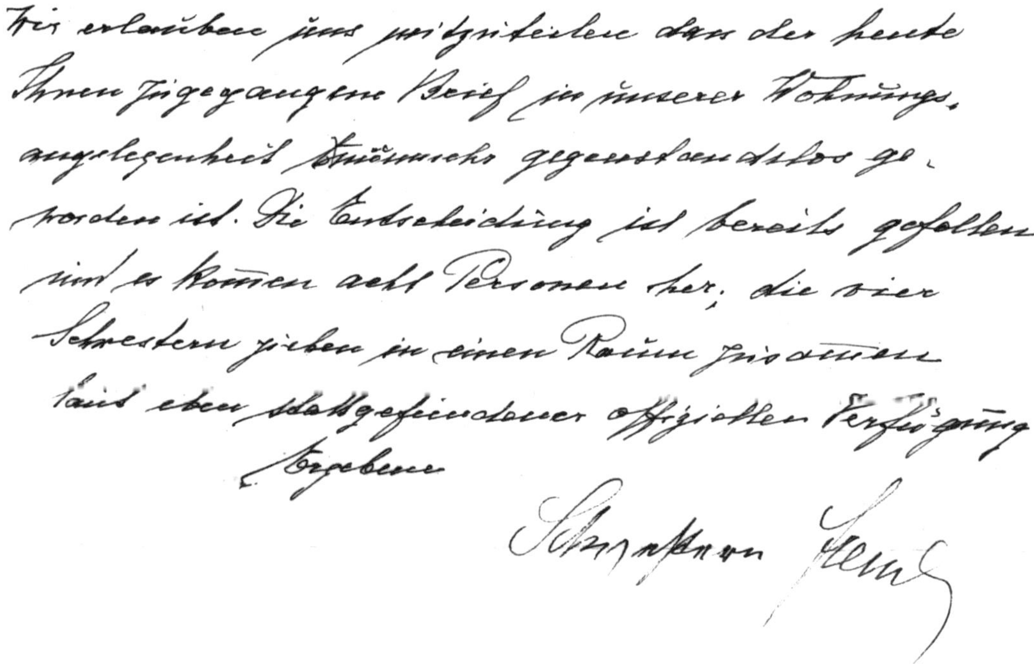

Sehr verehrter Herr Doctor!
Wir erlauben uns mitzuteilen dass der heute Ihnen zugegangene Brief in unserer Wohnungsangelegenheit nunmehr gegenstandslos geworden ist. Die Entscheidung ist bereits gefallen und es kommen acht Personen her; die vier Schwestern ziehen in einen Raum zusammen laut eben stattgefundener offizieller Verfügung.
Ergebene Schwestern Freud

Rosa Graf, 1927
Library of Congress

1 Mit der Emigration der Familie Freud haben sich mittlerweile mehrere Arbeiten befasst, u. a. Michael Molnar (Hg.): Sigmund Freud, Tagebuch 1929–1939. Kürzeste Chronik. Basel, Frankfurt am Main: Stroemfeld 1996; Harald Leupold-Löwenthal: Die Vertreibung der Familie Freud 1938. In: Psyche, 43 (1989), S. 918–928; Christfried Tögel: Bahnstation Treblinka. Zum Schicksal von Sigmund Freuds Schwester Rosa Graf. In: Psyche, 44 (1990), S. 1019–1024; Max Schur: Sigmund Freud. Leben und Sterben. Frankfurt am Main: Fischer 1982.

2 Die Zahl entstammt Brigitte Bailer-Galanda, Eva Blimlinger, Susanne Kowarc: „Arisierung" und Rückstellung von Wohnungen in Wien. Die Vertreibung der jüdischen Mieter und Mieterinnen aus ihren Wohnungen und das verhinderte Wohnungsrückstellungsgesetz. Hg. von der Historikerkommission. Wien: Eigenverlag 2002, S. 33.

3 Gesetzblatt für das Land Österreich, 1939/648. Zum weiter reichenden rechtlichen Hintergrund vgl. Georg Graf: Der Entzug von Mietrechten. Ein rechtshistorischer und rechtsdogmatischer Bericht unter besonderer Berücksichtigung der Entwicklungen nach der Wiedererrichtung der Republik Österreich. Hg. von der Historikerkommission. Wien: Eigenverlag 2002, S. 11–21.

4 Vgl. Tagblatt-Archiv, Wiener Stadt- und Landesarchiv, Schreiben Karl Stipanys vom 3. Oktober 1939 an die Kreisleitung I des Gaues Wien, S. 1. Zur Situation der jüdischen Haushalte im Herbst 1939 vgl. Gerhard Botz: Wohnungspolitik und Judendeportation in Wien 1938 bis 1945. Zur Funktion des Antisemitismus als Ersatz nationalsozialistischer Sozialpolitik. Wien, Salzburg: Geyer 1975, S. 66–78.

Sigmund Freud empfing seine Patienten in der Wohnung Nr. 6, die er seit 1908 – nach dem Auszug seiner Schwester Rosa Graf – als Praxis angemietet hatte. Zuvor war diese einen Stock tiefer untergebracht, in einer Wohnung, die Freud seinem Freund Wilhelm Fließ gegenüber als für eine Arztpraxis zu finstere und wenig ansehnliche Lokalität geschildert hatte. So wie in seine Privatwohnung auf Nr. 5 wurden nach der Vertreibung Freuds auch in seine Praxis zahlreiche Juden zwangsweise einquartiert. Während Freud mit seiner Tochter Anna in London sein letztes Domizil bezog, erfolgten die ersten Zuweisungen von Juden, die das Mietrecht verloren hatten. Zwischen Jänner 1939 und November 1941 lassen sich 14 Personen nachweisen, die hier bis zu ihrer Deportation untergebracht waren. Der Verlust des Mietrechtes oder der Wohnung war eine Station auf dem Weg zur vollkommenen Entrechtung und Ausplünderung der Juden.

Völkischer Beobachter, 7.3.1939
Österreichische Nationalbibliothek

Eine weitere Anordnung Bürckels

Entjudete Wohnungen und Geschäftslokale um ein Drittel billiger

Niemand darf an der Arisierung verdienen

Wien, 6. März

Der Reichskommissar für die Wiedervereinigung Österreichs mit dem Deutschen Reich, Gauleiter Bürckel, hat folgende verbindliche Anordnung getroffen:

„Der Übergang von Wohnungen und Geschäftsräumlichkeiten aller Art von einem nichtarischen auf einen arischen Mieter ist nicht als Abschluß eines Mietvertrages nach § 16, Absatz 1 des Mietengesetzes (BGBl. Nr. 210/1929) in seiner derzeit geltenden Fassung anzusehen. Die Erhebung eines Neuvermietungszuschlages nach § 16, Absatz 1, Satz 2, ist deshalb unzulässig."

* * *

Die Anordnung des Gauleiters, wonach die Hausbesitzer bei der Vermietung von Wohnungen, die bisher in jüdischen Händen waren, an arische Mieter keine erhöhte Miete verlangen dürfen, entspricht ebenso einem Gebot der Gerechtigkeit wie der Moral. Das geltende Mietengesetz sieht vor, daß die Hausbesitzer bei Neuvermietungen den für Altmieter geltenden Höchstsatz von 30 Groschen (20 Pfennig) je Friedenskrone auf 50 Groschen (33 Pfennig) erhöhen können. Nun ist es eine Tatsache, daß wir uns der Juden nicht deshalb entledigt haben oder zu entledigen wünschen, damit irgend welche Gruppen Sondervorteile haben.

Die Hausbesitzer, die, Beschwerden der arischen Mitbewohner folgend, jüdischen Mietern gekündigt haben, sollen nicht in den Verdacht kommen, daß sie es etwa auch darum taten, um nunmehr anstatt 20 Pfennig je Friedenszinskrone 33 Pfennig zu erhalten.

Es würde sich sonst auch die Groteske ergeben, daß derjenige Hausbesitzer vom Standpunkt seines Geldsacks am richtigsten vorgegangen ist, der seine Wohnungen früher nur an Juden vermietet hat, so daß er jetzt sein ganzes Haus voll Neumieter hat,

Fortsetzung auf Seite 2

Beginnende Einsicht

Von Walter Petwaidic

Der Appell, den Gauleiter Bürckel am Freitag an die Wiener Geschäftswelt gerichtet hat, hat begonnen seine Wirkung zu tun. Eine große Anzahl von Firmen hat bereits gestern die von ihnen geplanten Preisermäßigungen den zuständigen Stellen mitgeteilt und in den meisten Wiener Geschäften ist seit Samstag die Überprüfung der Preise im Gange. Im ganzen kann man die Erwartung aussprechen, daß Wien und seine Kaufleute verstanden haben, worum es geht, und nunmehr daraus die Konsequenzen ziehen. Man könnte dem hinzufügen, daß es auch schon allerhöchste Zeit war.

Durch den „Anschluss" an das Deutsche Reich wurden die Juden in Österreich über Nacht rechtlose Opfer von Verfolgungen, Plünderungen und Hausdurchsuchungen. Den unkontrollierten Aktionen versuchten bald Ämter durch Gesetze und Verordnungen einen Riegel vorzuschieben, um den Raub auf eine legale Ebene zu stellen. So wurde ein Gesetz über die Bestellung von kommissarischen Verwaltern für „arisierte" Unternehmen erlassen, das auch die so genannten „wilden Ariseure" zum Teil nachträglich als Kommissare legalisierte. Berufsverbote wurden ausgesprochen, die Wirtschaft sollte „entjudet" und das jüdische Vermögen „im Einklang mit den Interessen der deutschen Wirtschaft" sichergestellt werden.[1]

Ein erster Schritt in diese Richtung war die Erfassung des gesamten jüdischen Vermögens, die in Österreich von der so genannten Vermögensverkehrsstelle geleitet wurde. In weiterer Folge wurde privates Vermögen beschlagnahmt oder auf andere Weise entzogen. Schmuck und Wertgegenstände mussten zur Bestreitung des Lebensunterhalts verkauft werden.

Kaufpreise für jüdische Unternehmen und Liegenschaften, die oftmals deutlich unter dem Realwert dem „Ariseur" überlassen werden mussten, gelangten auf ein Sperrkonto, von welchem der ehemalige Besitzer monatlich nur einen geringen Betrag beheben durfte.

Das Attentat eines jüdischen Studenten auf den deutschen Diplomaten Ernst vom Rath im November 1938 wurde vom NS-Regime zum Anlass des Novemberpogroms genommen. Es diente der nationalsozialistischen Propaganda dazu, die endgültige Ausschaltung der Juden aus dem deutschen Wirtschaftsleben zu vollziehen. Mit der Verordnung über den Einsatz des jüdischen Vermögens vom 3. Dezember 1938 war Juden jegliche unternehmerische Tätigkeit untersagt, die Betriebe wurden „zwangsarisiert" oder liquidiert. Überdies waren sie verpflichtet, Schmuck, Wert- und Kunstgegenstände abzuliefern und Wertpapiere zu verkaufen.

Beispiel eines Zwangsverkaufs von Wertgegenständen an das Dorotheum, März 1939
Österreichisches Staatsarchiv, Archiv der Republik

1	1 Armkette mit Brillanten 17 Gramm Gold	80.-	W
2	1 Damennadel mit Brillanten3.3 Gramm Gold und Silber	55.-	W
3	2 Ohrringe mit Brillantenund Barockperlen 3 Gramm Gold	15.-	W
4	1 Lorgnon mit Brillanten 28 Gramm Gold und Gläser	35.-	BII
5	1 Damennadel mit Rauten und Japanperlen 5½ Gramm Gold	8.-	BII
6	2 Doppelknöpfe mit Brillanten und Rauten 12½ Gramm Gold	25.-	BII
7	1 Ring mit 1 Raute 2.2 Gramm Gold und Silber	4.-	BII
8	1 Ring mit Rauten 2½ Gramm Goldund Silber Amethyst beschädigt	3.-	BII
9	1 Halskette mit Amethysten 23 Gramm Gold	15.-	BII
10	1 Bleistift mit Gold	5.-	BII
11	1 Uhrgehäuse 2 Armketten 1 Durchzugskette 1 Armreif 2 Ringe 1 Ehering 1 Kettenring 4 Ohrringe 2 Damennadel 1 Herrennadel 1 Medailon 1 Angehänge 1 Ohrgehänge 1 Einlage 1 Kette 2 Ohrschrauben 137 Gramm Gold teilweise alt Nr.2	202.-	BI
	Summe:	447.-	
	abzüglich 10 %	44.70	
		402.30	

Erledigt

Das Deutsche Reich übernahm das als „volks- und staatsfeindlich" bezeichnete oder auf anderer Rechtsgrundlage verfallene Vermögen. Darüber hinaus wurde neben der schon bestehenden „Reichsfluchtsteuer" für jene, die das Land verlassen wollten, nun die „Judenvermögensabgabe" als „Sühneleistung" für die „Reichskristallnacht" eingefordert. Die Deportation stand am Ende der sukzessiven Enteignung – was zu diesem Zeitpunkt noch an Vermögen, Schmuck oder auch Hausrat übrig war, wurde den Menschen vor dem Transport in die Vernichtungslager abgenommen.

Das Beispiel der Familie Hand, die im Frühjahr 1939 in Freuds Praxis eingewiesen wurde, verdeutlicht, wie die NS-Bürokratie die Zeit bis zur Deportation der jüdischen Personen nutzte, um Zugriff auf deren gesamtes Vermögen zu erlangen. Sehr bald nach dem „Anschluss" hatten österreichische Juden, deren Vermögen 5000 Reichsmark überstieg, ihr Gesamtvermögen den NS-Behörden bekannt zu geben. Abwickelnde Behörde war die Vermögensverkehrsstelle, welcher auch jede Vermögensveränderung mitzuteilen war. Zum Zeitpunkt der ersten Vermögensanmeldung im Juli 1938 besaß Martin Hand mit seinem Bruder zwei Häuser in Wien, seine Frau Ida die Hälfte eines Mietshauses in Niederösterreich.

Vermögensanmeldung von Martin Hand, 14.7.1938
Österreichisches Staatsarchiv, Archiv der Republik

Verzeichnis über das Vermögen von Juden

nach dem Stand vom 27. April 1938

des ~~der~~ Ing. Martin Hand (Zu- und Vorname), Baurat d. ehem. Österr. Bundesbahnen (Beruf oder Gewerbe)

in Wien, Alsergrund (Wohnsitz oder gewöhnlicher Aufenthalt), Müllnergasse ~~Straße~~, ~~Platz~~ Nr. 3/1a

Angaben zur Person

Ich bin geboren am 17. Juni 1882

Ich bin Jude (§ 5 der Ersten Verordnung zum Reichsbürgergesetz vom 14. November 1935, Reichsgesetzbl. I S. 1333) und — deutscher [1]) — .... — Staatsangehörigkeit [1]) — ~~staatenlos~~ [1]) —.

Da ich — Jude deutscher Staatsangehörigkeit [1]) — ~~staatenloser Jude~~ [1]) — bin, habe ich in dem nachstehenden Vermögensverzeichnis **mein gesamtes inländisches und ausländisches** Vermögen angegeben und bewertet [1]).

~~Da ich Jude fremder Staatsangehörigkeit bin, habe ich in dem nachstehenden Vermögensverzeichnis mein inländisches Vermögen angegeben und bewertet~~ [1]).

Ich bin verheiratet mit Ida Hand geb. Ida Greger (5. Juni 1891) (Mädchenname der Ehefrau)

Mein Ehegatte ist der Rasse nach — jüdisch [1]) — ~~nichtjüdisch~~ [1]) — und gehört der israelitischen Religionsgemeinschaft an.

Angaben über das Vermögen

I. Land- und forstwirtschaftliches Vermögen (vgl. Anleitung Ziff. 9):

Wenn Sie am 27. April 1938 land- und forstwirtschaftliches Vermögen besaßen (gepachtete Ländereien u. dgl. sind nur aufzuführen, wenn das der Bewirtschaftung dienende Inventar Ihnen gehörte):

Lage des eigenen oder gepachteten Betriebs und seine Größe in Hektar? (Gemeinde — Gutsbezirk — und Hofnummer, auch grundbuch- und katastermäßige Bezeichnung)	Art des eigenen oder gepachteten Betriebs? (z. B. landwirtschaftlicher, forstwirtschaftlicher, gärtnerischer Betrieb, Weinbaubetrieb, Fischereibetrieb)	Handelte es sich um einen eigenen Betrieb oder um eine Pachtung	Wert des Betriebs RM	Bei eigenen Betrieben: Wenn der Betrieb noch Anderen gehörte: Wie hoch war Ihr Anteil? (z. B. 1/4)
1	2	3	4	5
/	/	/	/	/

II. Grundvermögen (Grund und Boden, Gebäude) (vgl. Anleitung Ziff. 10):

Wenn Sie am 27. April 1938 Grundvermögen besaßen (Grundstücke, die **nicht** zu dem vorstehend unter I und nachstehend unter III bezeichneten Vermögen gehörten):

Lage des Grundstücks? (Gemeinde, Straße und Hausnummer, bei Bauland auch grundbuch- und katastermäßige Bezeichnung)	Art des Grundstücks? (z. B. Einfamilienhaus, Mietwohngrundstück, Bauland)	Wert des Grundstücks RM	Wenn das Grundstück noch Anderen gehörte: Wie hoch war Ihr Anteil? (z. B. 1/4)
1	2	3	4
Wien, X. Gellertgasse 35-37 Katastralgemeinde Favoriten, E. Zl. 447-449	Miethaus Bauarea Katastral No 1314 u. 1315	29.798.–	1/2 Anteil = 14.899 RM.

Anhand des Briefverkehrs von Martin Hand mit der Vermögensverkehrsstelle lässt sich die sukzessive Enteignung, der die Juden unterworfen waren, verfolgen. Die Briefe verdeutlichen auch die Politik

Vermögensveränderung, Martin Hand an die Vermögensverkehrsstelle, 7.12.1938
Österreichisches Staatsarchiv, Archiv der Republik

der Einschüchterung, die NS-Behörden ausgeübt haben. Martin Hand, zu Beginn des Jahres 1938 noch Baurat bei der Streckenleitung in Wels, informierte die Behörde im November desselben Jahres, dass er keine Bezüge aus seinem früheren Dienstverhältnis mehr erhalte.

Veränderungen:

zu Pkt. IV. b.) Bankkonto bei der Firma Schelhammer & Schattera
Wien, 1. Stephansplatz № 11 ... der Wert cca RM. 40.–

zu Pkt. IV. f.) Nutzung und Bezüge aus dem früheren
Dienstverhältnis als Beamter der ehem.
Österr. Bundesbahnen entfällt Wert " —

Seine beiden Häuser wurden einen Monat später zum Kauf angeboten. Im April 1939 musste der zwangspensionierte Baurat seine Wohnung in der Müllnergasse im 9. Bezirk aufgeben, zusammen mit Frau und Tochter wurde er als Erster in die ehemalige Freud-Praxis eingewiesen.

Die Erfassung des jüdischen Vermögens erfolgte in mehreren Schritten. War 1938 Vermögen nur dann anzugeben, wenn es 5000 Reichsmark überschritt, so mussten alle Personen, die ab 1941 zur Deportation bestimmt waren, jedes noch so kleine Vermögen deklarieren und die verbliebenen Werte nach Möglichkeit abliefern. Auch Name und Adresse eines eventuellen Verwalters waren auf diesen Vermögensverzeichnissen anzugeben, um den Behörden den Zugriff auf das noch verbliebene Vermögen zu erleichtern. Vor seiner Deportation im Jahre 1942 musste daher das Ehepaar Hand sein restliches Vermögen erneut deklarieren, damit auch dieses gänzlich eingezogen werden konnte.

Vermögensverzeichnis von Martin und Ida Hand, 14.9.1942
Österreichisches Staatsarchiv, Archiv der Republik

Br **Vermögensverzeichnis** 14. Sep. 1942

nachstehender in die Ostgebiete evakuierter Juden:

Name: H a n d Martin Isr. Kenn.-Nr. G 072299

geboren am: 17.6.1882 in Wien

wohnhaft: 2. Hollandstr. 14

Ehefrau: Ida Sara geb. am: 5.6.1891 in Bischofstädten

Kinder: geb. am:

" " :

" " :

" " :

Ich erkläre, folgende bewegliche Vermögenswerte, Rechte und Ansprüche zu besitzen:

a) Bargeld RM 60.--

RM 195.-- Reichsbahn

b) Wertpapiere ---

c) Sperrkonten und Sparkassenbücher Sperrk. RM 376.-- 1. österr. Spark.

d) Versicherungspolizzen --

e) Schmuck --

f) Hausrat und Möbel 1 Schlafzimmer Teiel v. Speisezimmer

g) Forderungen (Im In- und Ausland) ---

Das Haus der Ida Hand und ihrer Schwester Maria verfiel nach deren Deportation aufgrund der 11. Verordnung zum Reichsbürgergesetz dem Deutschen Reich. Jüdisches Vermögen war für das Regime hauptsächlich in Geldform von Interesse, weshalb Häuser rasch weiterverkauft wurden. Für das Haus von Ida Hand fand sich schnell ein Käufer, der Verkaufserlös diente der „Förderung aller mit der Lösung der Judenfrage in Zusammenhang stehenden Zwecke".

Schreiben des Oberfinanzpräsidenten Wien-Niederdonau an das Amtsgericht Scheibbs, 13.2.1943
Österreichisches Staatsarchiv, Archiv der Republik

Das Vermögen ~~des~~ ~~(der)~~ ~~Juden~~ ~~(Jüdin)~~ Ida Sara Hand und der Maria Sara Prinz, die am 14.IX.1942 aus meinem Oberfinanzbezirk über die Reichsgrenze abgeschoben wurden, ist auf Grund der Elften Verordnung zum Reichsbürgergesetz RGBl.I S.722 dem Reich verfallen. Zur Verwaltung und Verwertung des verfallenen, in meinem Oberfinanzbezirk gelegenen Grundbesitzes bin ich berufen. Desgleichen bin ich berufen, die gebührenfreie Berichtigung des Grundbuches nach § 9 der genannten Verordnung zu beantragen. (Hinweis auf die beim Amtsgericht Scheibbs zu Aktenzeichen 1 Nc 18/42 hinterlegte Vollmacht des Oberfinanzpräsidenten Berlin-Brandenburg vom 10 Juni ~~April~~ 1942).

1 Zur „Arisierung" in Österreich vgl. Saul Friedländer: Das Dritte Reich und die Juden. Die Jahre der Verfolgung 1933–1939. München: Beck 2000, S. 262–291; Hans Safrian: Beschleunigung der Beraubung und Vertreibung. Zur Bedeutung des „Wiener Modells" für die antijüdische Politik des „Dritten Reiches" im Jahr 1938. In: Constantin Goschler, Jürgen Lillteicher (Hg.): „Arisierung" und Restitution. Die Rückerstattung jüdischen Eigentums in Deutschland und Österreich nach 1945 und 1989. Göttingen: Wallstein 2002, S. 61–89.

1. Stock, Tür 7

Deportation

Stefanie Mathias: Après souper.
Wien, Leipzig: Fiba 1932
Sigmund Freud-Museum Wien

Die Wohnung Nr. 7 bewohnte seit 1929 der Rechtsanwalt Adolf Mathias (1867–1942) mit seiner Frau Stefanie (1886–1941). Der aus Köln stammende Anwalt führte eine Kanzlei im 1. Bezirk, seine Frau war begeisterte Köchin und Autorin mehrerer höchst erfolgreicher Kochbücher.[1]

Velour-Chiffon

119. Sieben Dekagramm harte Teebutter werden mit 10 dkg gesiebtem Zucker abgetrieben, dann 7 dkg im Rohr erweichte, aber nicht mehr warme Schokolade und 7 dkg ungeschälte, fein geriebene Mandeln eingerührt. Auf ein erwärmtes, mit Wachs eingeriebenes Backblech werden möglichst kleine und gleichmäßige Häufchen verteilt, die man im kühlen Rohr langsam backen läßt. Wenn die Bäckerei gelingt, so macht sie ihrem Namen alle Ehre: samtartig und weich, zergeht sie im Munde.

Adolf Mathias musste bald nach dem März 1938 seine Kanzlei aufgeben und den Berufstitel eines Anwalts zurücklegen. So wie den anderen jüdischen Mietern der Berggasse 19 wurden auch dem Ehepaar Mathias ab dem Sommer 1939 acht Jüdinnen und Juden als Untermieter zugewiesen. Die zwangsweise Umsiedlung der Juden innerhalb der Stadtgrenzen Wiens erfolgte in mehreren Schüben zwischen 1939 und 1942. Die NS-Behörden waren vorerst darauf bedacht, den Eindruck von Ghettos innerhalb der Stadtgrenzen zu vermeiden und für ihr Umsiedlungsprogramm die über die ganze Stadt verstreuten Wohnungen und Häuser emigrierter oder in Wien verbliebener Juden heranzuziehen.

Mit Jahresende 1940 erhielt Baldur von Schirach die von ihm angestrebte offizielle Erlaubnis, die Juden aus Wien zu deportieren. Die Deportationen, die in den Akten harmlos als „Evakuierung“ bezeichnet werden, hatten in Wien jedoch bereits 1939 eingesetzt. Während die jüdischen Verwaltungsinstanzen weiterhin intensivst versuchten, Ausreisen zu ermöglichen, mussten sie gleichzeitig die Vorbereitungen zur Deportation abwickeln. Sie wurden gezwungen, die Räumung der Sammelwohnungen zu veranlassen und die Bewohner in die Sammellager zu überstellen.[2]

Merkblatt der Israelitischen Kultusgemeinde Wien (für einen nicht stattgefundenen Transport nach Polen), 1.11.1939
Archiv der Israelitischen Kultusgemeinde Wien

Im Auftrage der Zentralstelle für jüdische Auswanderung, Wien 4.,Prinz Eugenstrasse 22, wurden Sie und Ihre Familienangehörigen , die das 15.Lebensjahr überschritten haben, zur Umsiedlung nach Polen bestimmt und in den

S a m s t a g, den 4. November 1939

abgehenden Transport unwiderruflich eingeteilt. Die näheren Bestimmungen über den Transport sind in dem angeschlossenen Merkblatt angegeben und genau zu beachten.

Sie haben sich jedoch schon

F r e i t a g, den 3. November 1939, präzise 10 Uhr vormittags

im Hause X.,Gänsbachergasse No. 3

und zwar schon in Reiseausstattung und mit allem Gepäck, das Sie für die Fahrt mitnehmen, einzufinden. Sie werden dortselbst nächtigen und sich von dort aus direkt S a m s t a g, den 4.November 1939 zum Bahnhof begeben.

Behufs Entgegennahme weiterer Weisungen wollen Sie sich

morgen, Donnerstag, den 2.November, unverzüglich

nach Erhalt dieses Schreibens im ehemaligen Tempelraum, 1.,Seitenstetteng.4 einfinden.

Mitzubringen sind:

1. Für jede für diesen Transport in Betracht kommende Person einen der beiliegenden, in allen Rubriken genau und wahrheitsgetreu ausgefüllten Fragebogen. Sollten die beigelegten Fragebogen nicht ausreichen, sind solche Formulare vorher im Kultusgemeinde-Gebäude zu beziehen.
2. Zwei Passbilder jedes in Betracht kommenden Familienangehörigen.(Sollten Sie keine Passbilder besitzen,werden Sie hier fotografiert.)

Nachdem seine Frau im März 1941 verstorben war, wurde der inzwischen aus der Rechtsanwaltskammer ausgeschlossene Adolf Mathias gezwungen, noch zweimal umzuziehen. Das Vermögensverzeichnis, das der ehemalige Rechtskonsulent vor seinem Abtransport im Juni 1942 nach Theresienstadt anzulegen und zu unterschreiben hatte, zeigt seine letzte Wohnadresse in Wien.

Vermögensverzeichnis von Adolf Mathias, 28.6.1942
Österreichisches Staatsarchiv, Archiv der Republik

Br **Vermögensverzeichnis**

nachstehender in die Ostgebiete evakuierter Juden: 28. Juni 1942

Name: Mathias Adolf Isr. Kenn.-Nr. G 084228

geboren am: 8.6.1867 in Köln

wohnhaft: 1., Sterngasse 11/8

Ehefrau: geb. am:

Kinder: geb. am:

Wer zur Deportation bestimmt war, hatte sich üblicherweise in einem der Sammellager, die in der Leopoldstadt eingerichtet waren, einzufinden. Für die Verpflegung der Menschen war die Israelitische Kultusgemeinde Wien zuständig. 45 Transportzüge mit jeweils rund 1000 Personen gingen vom Aspang-Bahnhof im 3. Bezirk ab Februar 1941 in die Konzentrations- bzw. Vernichtungslager. Adolf Mathias wurde gemeinsam mit 982 Personen am 28. Juni 1942 im Zuge der letzten großen „Umsiedlungsaktion" nach Theresienstadt gebracht, wohin im Verlauf des Jahres mehr als 13.700 Personen aus Wien verschleppt wurden und wo er im März 1943 starb.

Das ohnehin kaum mehr vorhandene Vermögen abgeschobener Juden war mit deren „Auswanderung" dem Deutschen Reich verfallen. Bereits ab 1938 wurden sie gezwungen, mittels unterzeichneter „Sondervollmacht" alle Vermögenswerte der Gestapo zu übertragen. Um Zugriff auf das verbliebene Vermögen, zumeist auf Sperrkonten deponiert, zu erhalten, bedurfte es eines reibungslosen Zusammenspiels zwischen Banken, Finanzbehörden und der von Adolf Eichmann bzw. Alois Brunner geleiteten Zentralstelle für jüdische Auswanderung Wien. Diese hatte zuerst die Vertreibung und Beraubung, dann die Deportationen organisiert.

Zentralstelle für jüdische Auswanderung Wien an die Länderbank Wien AG betreffend Sperrkonto von Adolf Mathias, 6.8.1942
Österreichisches Staatsarchiv, Archiv der Republik

Ihre Bank wird hierdurch angewiesen, die bei Ihnen auf einem beschränkt verfügbaren Sicherungskonto ruhenden Werte, laut Mitteilung der Devisenstelle Wien, bestehend aus:

RM 23.--

und einem Effektendepot von

auf das bei der Länderbank Wien A. G., Zweigstelle 29, geführte Sonderkonto „Juden-Umsiedlung" der Zentralstelle für jüdische Auswanderung Wien, Nr. 29803, unter genauer Wiedergabe des Aktenzeichens:

XXIX/119

unverzüglich zu übertragen. Das Bargeldkonto wollen Sie zu diesem Behufe abschließen und sodann den verbleibenden Bestand zur Anweisung bringen.

Zu Ihrer Information wird mitgeteilt, daß der Obenstehende bei der Geheimen Staatspolizei, Staatspolizeileitstelle Wien, eine Sondervollmacht unterfertigt hat, laut welcher er seine sämtlichen Vermögenswerte dieser Stelle abtritt. Die Geheime Staatspolizei übergab diese Sondervollmacht der Zentralstelle für jüdische Auswanderung Wien zur weiteren Veranlassung. Die hier erliegende Sondervollmacht kann jederzeit eingesehen werden.

Frauen und ältere Personen waren unter den 44.000 Juden, die die jüdische Administration 1941 für Wien registrierte, überdurchschnittlich vertreten. Bei den Bewohnern, die in das Haus Berggasse 19 ab 1939 eingewiesen wurden, zeigt sich ein ähnliches Bild: Auch sie setzten sich vorwiegend aus über 50-jährigen Personen zusammen, und es handelte sich bei der Mehrzahl um Frauen. Zwischen Frühjahr und Herbst 1942 wurden die in der Wohnung des Ehepaares Mathias untergebrachten Juden wie auch fast alle der 70 anderen zwangsweise einquartierten Bewohner der Berggasse 19 in Lager deportiert – zumeist nach Theresienstadt, Maly Trostinec (Weißrussland) und Izbica (Polen). Oft wurden sie zuvor gezwungen, zwei-, dreimal umzuziehen, in eine andere „Judenwohnung", zumeist im 2. oder 9. Bezirk gelegen, oder in eines der Sammellager.

Während die Bewohner der Sammelwohnung über ihr weiteres Schicksal im Unklaren gelassen wurden, rechnete das Wohnungsamt bereits mit dem baldigen Freiwerden der Wohnung Nr. 7 und suchte nach neuen Mietern. Bereits im Frühjahr 1942, noch vor der Deportation von Adolf Mathias aus Wien, war seine Wohnung in der Berggasse an eine nicht jüdische Familie vermietet worden.

1 Ihre Kochbücher gehören noch immer zu den Standardwerken der Wiener Küche, vgl. Stefanie Mathias: Das Beste aus aller Welt. 888 Kochrezepte einer Wiener Hausfrau. Wien, Leipzig: Fiba 1935.

2 Vgl. H. G. Adler: Der verwaltete Mensch. Studien zur Deportation der Juden aus Deutschland. Tübingen: Mohr 1974.

1. Stock, Tür 8

Emigration

Die fünfköpfige Familie Hauser wohnte seit 1923 im 1. Stock des Hauses Berggasse 19 auf Tür Nr. 8. Rudolf Hauser (1870–1948) erwog in der ersten Zeit nach der Machtübernahme durch die Nationalsozialisten selbst noch nicht die Emigration, sondern unterstützte seine Kinder bei ihren Versuchen, ins Ausland zu gelangen: Der älteste Sohn, Friedrich Hauser, erhielt im Sommer 1938 für sich und seine Familie eine Aufenthaltsgenehmigung für die USA ebenso wie die Tochter Lisbeth. Auch der zweite Sohn, Franz Hauser, versuchte bereits im Frühsommer, nach England zu emigrieren, was ihm jedoch erst ein Jahr später gelang. Rudolf Hauser selbst wurde gezwungen, gegen Ende des Jahres seinen Handel mit Textilwaren auf der Brandstätte aufzugeben. Die Firma wurde kurze Zeit später „arisiert" und hieß in der Folge „Hans Mayringer vormals R. Hauser". Die Mitarbeiter der ehemaligen Firma Rudolf Hauser, darunter seine beiden Söhne, waren bereits einige Zeit vorher entlassen worden.

Vermögensanmeldung von Franz Hauser, 14.7.1938
Österreichisches Staatsarchiv, Archiv der Republik

b) Altenteilslasten, Nießbrauchslasten und sonstige Rentenlasten (vgl. Anleitung Ziff. 23): Welchen Wert hat die einjährige Leistung? ------ RM. Seit wann sind die Leistungen zu entrichten? Seit ---------- 19...... Bis wann sind die Leistungen zu entrichten? (Falls die Leistungen bis zum Ableben einer Person zu entrichten sind, sind auch Tag, Monat und Jahr der Geburt dieser Person anzugeben.) Bis ---------- 19...... Welchen Kapitalwert hatte die Last? ------- RM.

VI. Bemerkungen:

Ich bin Angestellter der Firma Rudolf Hauser, Wien, 1., Brandstätte 7. In dieser Eigenschaft hatte ich am 27. April l.J. einen Monatsbezug von RM 200.- und Bekleidungsbeiträge von RM 106.67 zweimal im Jahre. Der Kapitalwert meines Dienstbezuges errechnet sich daher mit dem Neunfachen des Jahresbezuges von RM 2613.33 auf RM 23.519.97. Das Dienstverhältnis wurde mir per 30. Sept. l.J. aufgekündigt, so dass mein Dienstbezug an diesem Tage erlöschen wird.
Ich erhielt anfangs Juli l.J. von meinem Vater eine Schenkung im Betrage von RM 4000.- Dieser Betrag dient zur Deckung der Fahrtspesen, der Ausstattung etc. gelegentlich meiner Emigration.

Ich versichere, die vorstehenden Angaben **nach bestem Wissen und Gewissen** gemacht, insbesondere mein Vermögen in diesem Vermögensverzeichnis **vollständig angegeben zu haben.** Soweit Werte in diesem Vermögensverzeichnis angegeben sind, bin ich von der Anleitung, die dem Vordruck zu diesem Vermögensverzeichnis beigelegen hat, nicht abgewichen.

Wien, 14. Juli 1938

Franz Hauser

(Unterschrift des Anmeldepflichtigen oder der an seiner Stelle zur Abgabe des Vermögensverzeichnisses verpflichteten Person)

Vermögensverzeichnisse ohne Unterschrift gelten als nicht abgegeben

Die Frage nach einer neuen Heimat wurde für die Juden in Deutschland seit der nationalsozialistischen Machtübernahme 1933, in Österreich seit März 1938 immer dringlicher. Ausgrenzung, Entrechtung und Verfolgung zwangen sie, ihre gewohnte Umgebung, ihren Arbeitsplatz aufzugeben und ins Ausland zu flüchten.

Herrschte nach dem 12. März 1938 zunächst ein rigides Ausreiseverbot, so versuchten die Nationalsozialisten ab Mai die Auswanderung unter massivem Druck auf die jüdische Bevölkerung voranzutreiben, nicht ohne sie vorher ihres Vermögens beraubt zu haben. Die zunächst von Adolf Eichmann geleitete Zentralstelle für jüdische Auswanderung Wien im ehemaligen Palais Rothschild kontrollierte bald die Vorbereitung und Abwicklung der groß angelegten Vertreibung. Ihr hatten mehrere Ämter und auch die Israelitische Kultusgemeinde Wien zuzuarbeiten und regelmäßig Situations- und Tätigkeitsberichte abzuliefern.[1] Wer auf legalem Weg ausreisen wollte und es sich leisten konnte, hatte eine Vielzahl bürokratischer Hürden zu meistern. Einen deutschen Reisepass, Visa, Schiffspassagen für den Transit, diverse Bescheinigungen wie die „Steuerunbedenklichkeit" oder die „Reichsfluchtsteuererklärung" waren oft schwierig zu bekommen und kosteten darüber hinaus viel Geld.

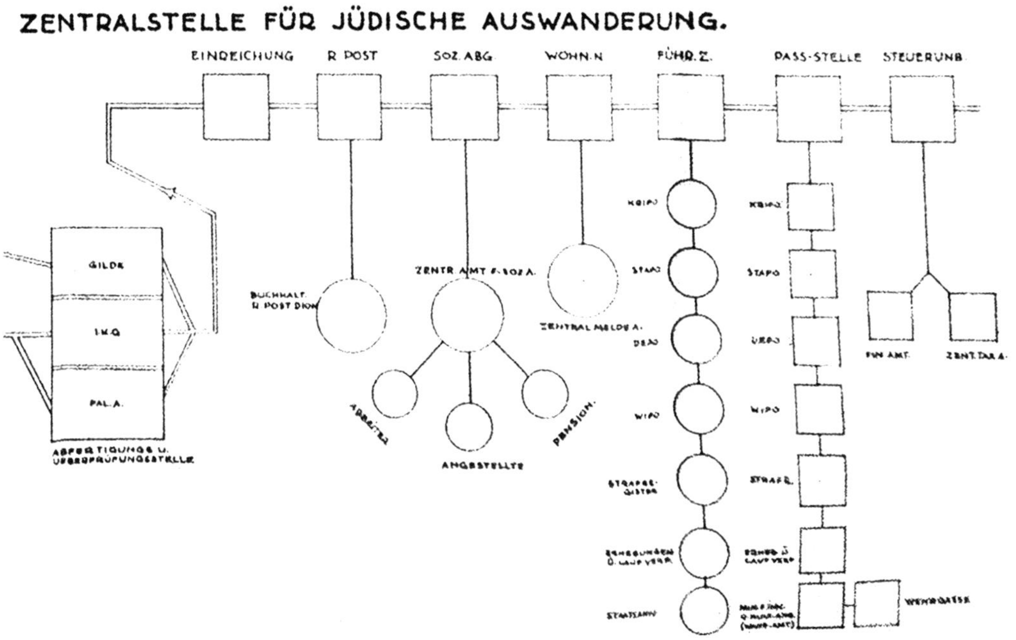

Teil des Planes „Schematische Darstellung der für die Auswanderung der Juden [...] anzulaufenden Behörden und Organisationen", ca. 1939
Archiv der Israelitischen Kultusgemeinde Wien

Finanziell ausgepresst und mit einem Barvermögen von maximal 30 Reichsmark ausgestattet, konnten bis November 1939 offiziell rund 126.000 österreichische Juden das Land verlassen, darunter die Familie Hauser. Mit der Eroberung von Polen im Herbst desselben Jahres begannen die Deportationen der Wiener Juden in das „Generalgouvernement", die Leitung der so genannten „Umsiedlungsaktion" oblag erneut der Zentralstelle für jüdische Auswanderung Wien.

Angesichts der wachsenden Bedrohung entschlossen sich auch der Tuchhändler Hauser und seine Frau 1939 zur Emigration. Eine bereits an die Gestapo gemeldete Ausreise nach England musste zwar storniert werden, doch gelang dem Ehepaar im Oktober die Emigration über Italien in die USA. Zuvor mussten sie „Reichsfluchtsteuer" und „Judenvermögensabgabe" bezahlen.

Endgültiger Reichsfluchtsteuerbescheid für Rudolf Hauser, 5.3.1939
Österreichisches Staatsarchiv, Archiv der Republik

ENDGÜLTIGER Reichsfluchtsteuerbescheid

A. Steuerfestsetzung und Fälligkeit

Nach meinen Feststellungen haben Sie Ihren Wohnsitz — gewöhnlichen Aufenthalt im Land Österreich oder im übrigen Reichsgebiet aufgegeben. Sie haben daher gemäß §§ 13, 14 der Ersten Verordnung zur Einführung steuerrechtlicher Vorschriften im Land Österreich vom 14. April 1938 (Reichsgesetzbl. I S. 389) eine Reichsfluchtsteuer zu entrichten. — Die gleiche Verpflichtung haben die mit Ihnen ausgewanderten Angehörigen (Ehefrau, Kinder), soweit sie mit Ihnen zur Einkommensteuer oder zur Vermögensteuer zusammen veranlagt worden sind oder zusammen zu veranlagen sind.

Das Ihnen ~~und Ihrer Ehefrau sowie Ihre x Kinder x~~ gehörige Gesamtvermögen am 1. Januar 1938 betrug nach meinen Ermittlungen ..... 77.641 RM

~~Dem Gesamtvermögen sind gemäß § 3 Absatz 3 des Reichsfluchtsteuergesetzes und § 2 Absatz 1 zu b der Verordnung zur Durchführung der Reichsfluchtsteuer im Land Österreich vom 14. April 1938 hinzuzurechnen:~~

RM

die Steuerschuld Summe 77.641 RM

Hiervon ist ~~der Anteil Ihrer Ehefrau und Ihre x Kinder vom~~ dem ~~zusammengerechneten Vermögen~~ mit ..... 2.167 RM

abzuziehen; es verbleiben als steuerpflichtiger Anteil am Gesamtvermögen ..... 75.474 RM

Die Reichsfluchtsteuer wird hiermit gemäß § 15 Absatz 1 der eingangs genannten Verordnung auf ein Viertel dieses Betrages

= 18.868 RM

festgesetzt. Die Reichsfluchtsteuer ist gemäß § 5 des Reichsfluchtsteuergesetzes*)

am 20. März 1939 fällig ~~geworden~~;

sie ist gemäß § 6 des Reichsfluchtsteuergesetzes mit einem Zuschlag von 1 vom Hundert für jeden auf den Zeitpunkt der Fälligkeit folgenden angefangenen Monat an mich zu entrichten; der Zuschlag beträgt mindestens 2 vom Hundert des Rückstandes.

*) Reichssteuerbl. 1937 S. 1269; Reichsgesetzbl. I 1931 S. 699; 1932 S. 571; 1934 S. 392, 941; 1935 S. 850; 1937 S. 1385; 1938 S. 389.

Rfl. 3. (Abschrift des RflStbescheids.) — 11. 38. — 5000. — Staatsdruckerei Wien. 8759 38

Die Flucht ins Ausland bedeutete noch kein Ende der finanziellen Ausplünderung der Emigranten, noch zwei Jahre später wurde ein Bankguthaben Rudolf Hausers als „Pfändungsverfügung" für eine nachträgliche Erhöhung der „Judenvermögensabgabe" eingezogen. Bis Ende der 60er Jahre suchten Gertrude Hauser und ihr Sohn Franz beim Abgeltungsfonds um Rückerstattung der finanziellen Verluste an. Zuwendungen erhielten sie für während der NS-Zeit geleistete „diskriminierende Abgaben", also die „Judenvermögensabgabe" und die „Reichsfluchtsteuer". Die „arisierte" Firma Rudolf Hauser blieb weiterhin im Besitz des „Ariseurs", ein diesbezügliches Rückstellungsverfahren konnte nicht nachgewiesen werden.

So wie auch andere Bewohner des Hauses Berggasse 19 musste die Familie Hauser Juden, die aus ihren ursprünglichen Wohnungen vertrieben worden waren, aufnehmen. Nachdem die langjährigen Mieter im Oktober 1939 emigriert waren, wohnten hier in Zeiten der stärksten Belegung dicht gedrängt zehn Personen. Auch die neuen Bewohner warteten auf eine Ausreiseerlaubnis, wie die Auswanderungskartei, im Sommer 1938 angelegt von der Israelitischen Kultusgemeinde Wien, dokumentiert.

Die in der Wohnung Nr. 8 einquartierten Familien Donnebaum und Rischawy, die in der Kartei aufscheinen, mussten detaillierte Angaben machen zum gewünschten Zielland, zu Verwandten in Übersee und dem bisherigen Beruf sowie zu einem eventuell neu erlernten.

Handwerkliche Fähigkeiten waren für eine Existenzgründung im Ausland Voraussetzung, die Auswanderungsabteilung der Israelitischen Kultusgemeinde Wien organisierte daher eine groß angelegte Umschulungsaktion. Die „Umschichtler" genannten Personen besuchten je nach Alter und Eignung Kurse im Baugewerbe, in der Landwirtschaft, im Gesundheitswesen oder auch in der Bekleidungsindustrie.

Numerische Karteikarte, Alois Donnebaum, 1938/1939, Auswanderungskartei der Israelitischen Kultusgemeinde Wien Archiv der Israelitischen Kultusgemeinde Wien

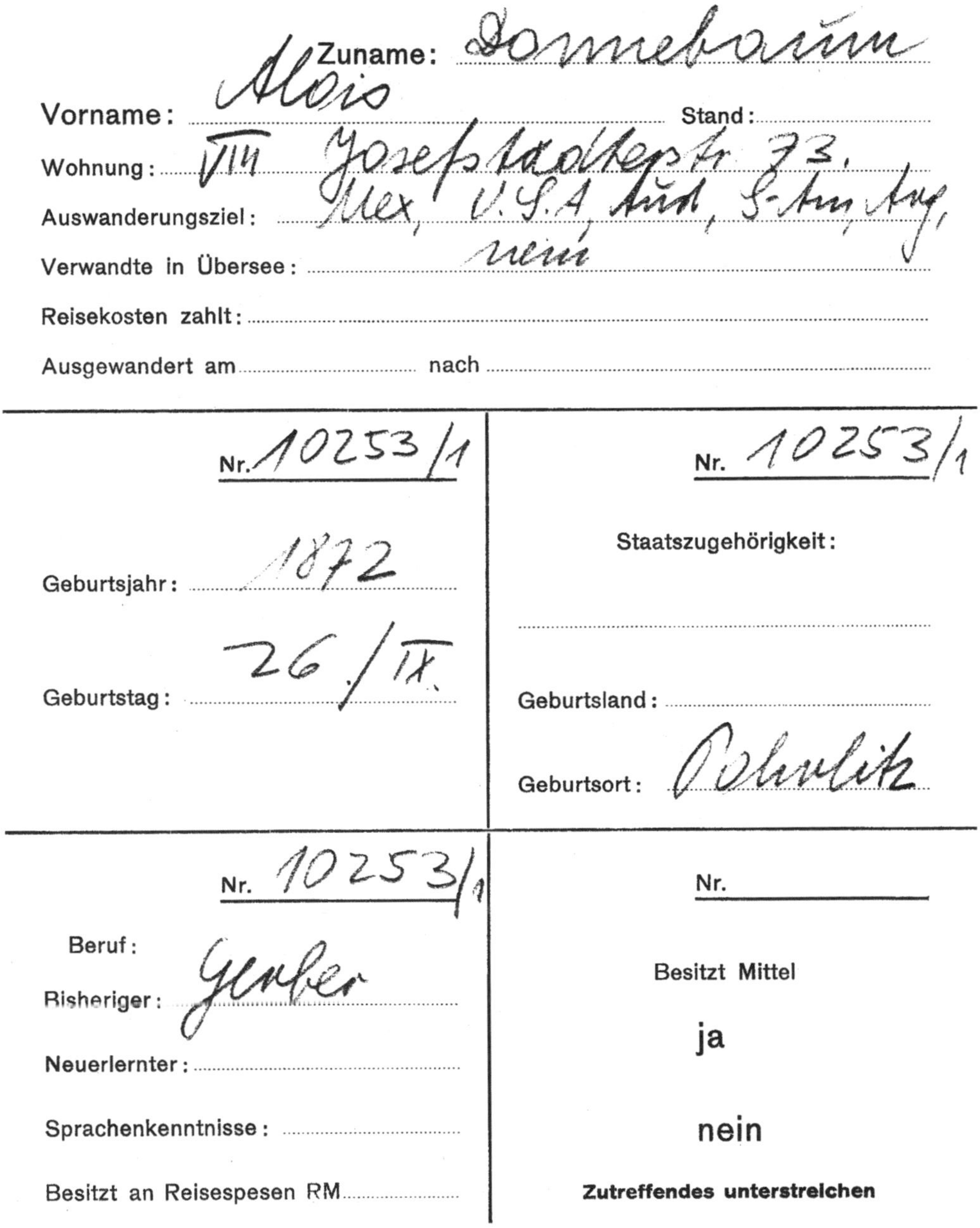
Zuname: Donnebaum
Vorname: Alois
Stand:
Wohnung: VIII Josefstädterstr. 73.
Auswanderungsziel: Mex, U.S.A, Aust, S-Am, Arg,
Verwandte in Übersee: nein
Reisekosten zahlt:
Ausgewandert am nach

Nr. 10253/1
Geburtsjahr: 1872
Geburtstag: 26/IX.

Nr. 10253/1
Staatszugehörigkeit:
Geburtsland:
Geburtsort: Pohrlitz

Nr. 10253/1
Beruf:
Bisheriger: Gerber
Neuerlernter:
Sprachenkenntnisse:
Besitzt an Reisespesen RM

Nr.
Besitzt Mittel
ja
nein
Zutreffendes unterstreichen

Bezeichnend für das Schicksal vieler jüdischer Familien ist jenes der Familie Donnebaum: Während nur die Kinder auswandern konnten, blieben die Eltern in Wien, wurden 1939 zum Umzug in die Sammelwohnung Berggasse 19/8 gezwungen und drei Jahre später in das Lager Izbica (Polen) deportiert. Keinem in diese Wohnung eingewiesenen Juden ist die Auswanderung ins rettende Ausland geglückt.

1 Vgl. Doron Rabinovici: Instanzen der Ohnmacht. Wien 1938–1945. Frankfurt am Main: Jüdischer Verlag 2000.

2. Stock, Tür 9–10

Psychoanalyse im 2. Stock

Dorothy Burlingham (1891–1979), Tochter des berühmten New Yorker Glaskünstlers und Juweliers Louis Comfort Tiffany, war mit ihren Kindern 1925 nach Wien gekommen. Hier erhoffte sie sich therapeutische Hilfe für ihren ältesten Sohn, der von Anna Freud behandelt wurde. Der Kontakt mit den Ideen Freuds beschränkte sich nicht auf die therapeutische Behandlung ihrer Kinder, vielmehr rückte die Psychoanalyse immer weiter in den Mittelpunkt von Burlinghams Leben und wurde schließlich zu ihrem neuen Beruf. 1926 bezog sie die Wohnung Nr. 9–10 im 2. Stock, in der sie mit ihren Kindern bis 1938 lebte.

Die geräumige Etage ließ Burlingham noch vor ihrem Einzug umbauen, um sie mithilfe der Architekten Felix Augenfeld und Karl Hofmann nach den Bedürfnissen einer amerikanischen Familie zu gestalten. Die „Amerikanisierung" der Wohnung sollte gleichermaßen der Familie die fremde Umgebung vertraut machen wie auch den Hygiene- und Komfortvorstellungen entsprechen, die die Burlinghams aus den USA kannten. Das Wohnzimmer erhielt einen offenen Kamin, die hellen, straßenseitigen Räume wurden für die Kinder, die ruhigeren, hofseitigen für Dorothy adaptiert und ein neues Badezimmer eingerichtet.

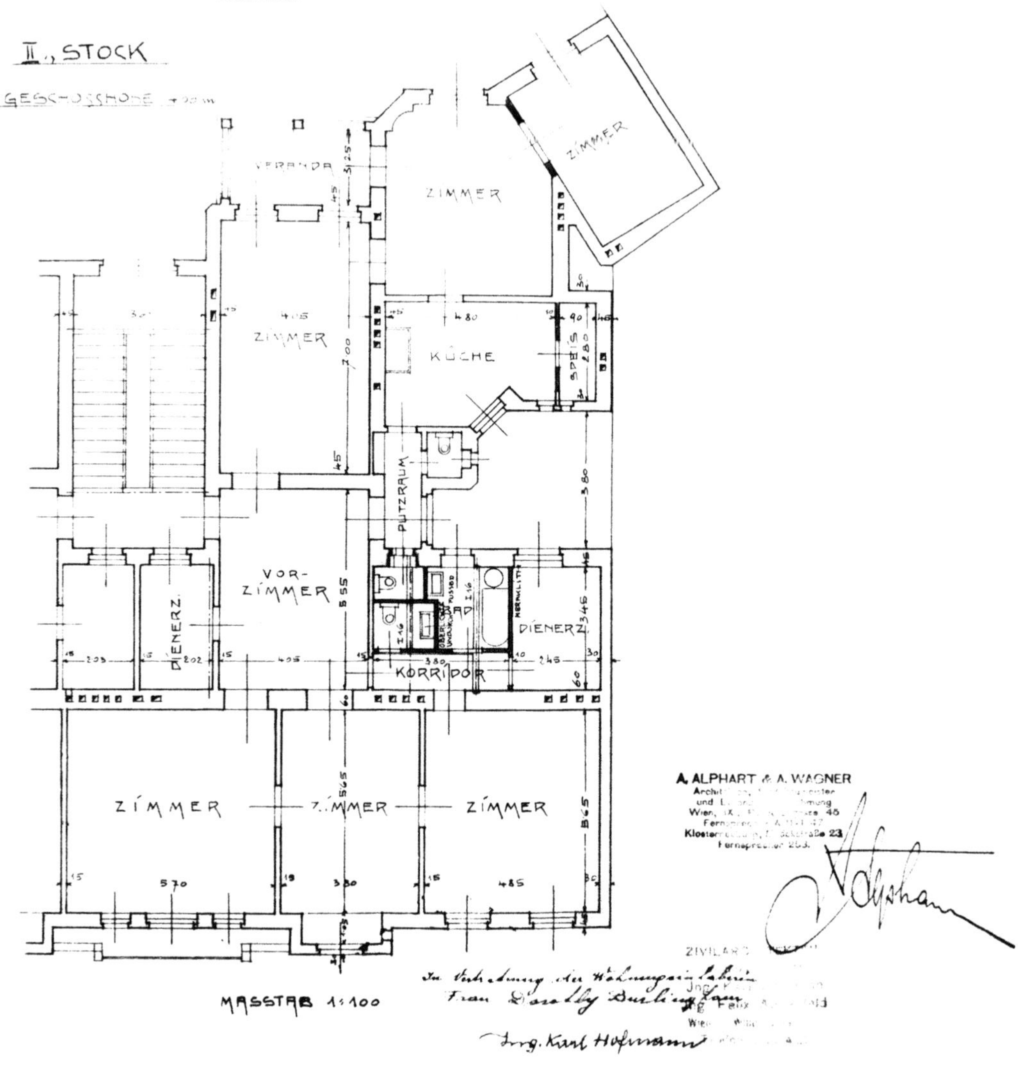

Plan zum Umbau der Wohnung Nr. 10, 2. Stock, 9.8.1929
MA 37 – Baupolizei

Behandlungszimmer von Dorothy Burlingham in der Berggasse 19, 1930er Jahre

Ungestörte abendliche Plaudereien erlaubte ein Haustelefon, das Annas und Dorothys Schlafzimmer verband. Wohn- und Arbeitsbereich wurden 1929 durch einen weiteren Umbau der Wohnung getrennt, eine analytische Praxis und mehrere kleinere Bürozimmer eingerichtet. Die umgebaute Wohnung erlaubte es, die Treffen der Mitarbeiterinnen des von ihr im 1. Bezirk mitgegründeten Kinderheims, der Jackson Nursery, in der Berggasse 19 abzuhalten.[1]

1932 nahm sie die Wiener Psychoanalytische Vereinigung als Mitglied auf, und sie beteiligte sich unter anderem an der Finanzierung einer an psychoanalytischen Prinzipien orientierten Privatschule im 13. Bezirk, der Burlingham-Rosenfeld-Schule.[2]

Mit Anna Freud verband sie eine lebenslange Freundschaft, zusammen unterrichteten sie in Wien und später in London. Burlinghams psychoanalytische Arbeit mit Kindern orientierte sich eng an Anna Freuds Versuchen, in Kinderkrippen und -heimen empirisches Material zu gewinnen, das statistisch ausgewertet die klassische psychoanalytische Fallstudie ergänzen sollte.

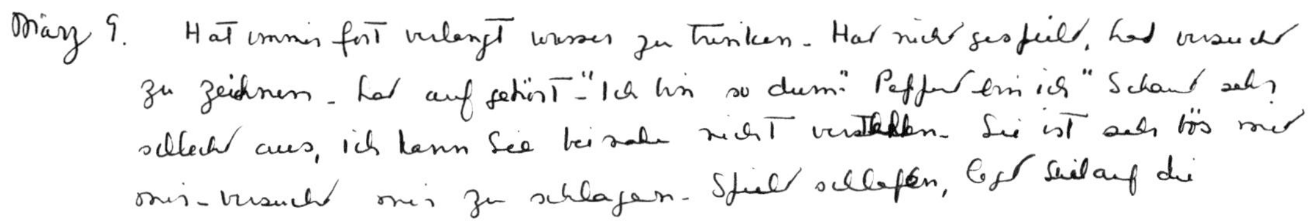

Fallnotizen „Trude" von Dorothy Burlingham, 1930 Freud Museum London

März 9. Hat immer fort verlangt wasser zu trinken. Hat nicht gespielt, hat versucht zu zeichnen. hat auf gehört – „Ich bin so dum." „Patschert bin ich" Schaut sehr schlecht aus, ich kann Sie bei nahe nicht verstehen. Sie ist sehr bös mit mir – versucht mir zu schlagen. Spielt schlafen, legt sich auf die Kissen, ich soll sie hutschen. Sie muss nicht gestört sein. War bös mit der Mütter weil sie Sonntag nicht erlaubt hinaus zu gehen. Fran. – sagt Sie ist auch ganz verändert mit Ihr. Spielt mit alle Schmutz und spricht von schmutzige Dinge.

Angesichts der Liquidierung aller psychoanalytischen Institutionen verließ Burlingham mit ihrer Familie im Juni 1938 Wien, um in London gemeinsam mit Anna Freud Ansätze, die sie in der Jackson Nursery entwickelt hatte, weiterzuverfolgen. Dazu gehörten Studien zu Kindern, die unter den Folgen extremer Lebensumstände litten. Die Beobachtungen an Kindern, die Burlingham und Anna Freud während des Zweiten Weltkriegs in der Londoner Hampstead Nursery betreuten, lieferten die Basis für mehrere Arbeiten.

Dorothy Burlingham: Twins. A study of three pairs of identical twins. London: Imago Publishing 1952 Sigmund Freud-Museum Wien

Bert and Bill

1942	*Physical Development*	*Sleep*	*Eating*	*Training for Cleanliness*	*Sense Development*	*Speech*	*Habits*
June 8 m.	Likes to observe his hands. Likes to play with his fingers. Behave alike whilst bathed. Does not kick nor move a lot. Very lively.	Sleep more than before. Sleeps as much as before. 4th, Sleep through until 2 a.m. 5th, Sleep through until 5 a.m. 8th, Put in a shelter carry-cot instead of basket; surprised, falls asleep after one hour; no reaction, asleep within 5 minutes. 24th, Cannot go to sleep as Bill kicks him.	Not interested in food; takes it very absentmindedly. Enjoys his food. 4th, Sleep until 2 a.m. without being fed. Cry; fed at 2.20. Next feed 9 a.m. 5th, Sleep without evening feed. Average amount of food 31 oz. daily.		3rd, Tested, 2-3 months retarded; slightly more advanced. Did not mind being tested; enjoyed it. Took little notice of test room; took less notice. Surprised when put in a big cot.	"Talks" a lot; sometimes long "stories".	When tired or hungry sucks back of left hand and left thumb; right thumb. Suck vests and clothes playfully.

	14/10 lbs. 15 lbs.	Still asleep on left side. Still asleep on right side. Average amount of sleep 13½ 13 hours.					
July 9 m.	Hair grows. Eyes get a brownish tint. Play a lot with their hands; like to move them; prefers left hand, prefers right hand. Shake their heads. Kick more. Does not try to turn around. Turns on his tummy and cries, because he cannot turn back.	1st, Sleeps quietly in spite of Bill's kicking. 6th, Sleep upstairs in same cot. 7th, Put in different cots and prams because Bill disturbed Bert. No longer disturbed by kicking Bill; sleeps more. 25th, Awake at 11 p.m.; laugh and "talk" aloud. 28th, Air raid warnings: taken down to the shelter when fast asleep. Do not awake on the way. Wake up only when put in carry-cots. Do not cry. 30th, Again taken down to the shelter 4 a.m. Wakes up on the way, only when put in carry-cot. Do not cry. Average amount of sleep 13 12 hours.	Mashed potatoes given; like it. Carrots discontinued as he vomited whenever he got them. Eats carrots nicely. Eats without resistance but vomits frequently. Eats very nicely. Average amount of food 28 oz. 30 oz. daily.		24th: Tested; hardly any progress since 3rd June, reaction to objects quicker; response more decided; muscular co-ordination better.	Says "da da" sometimes; "abahba" for a long time. "Talks" a lot but no definite sounds. Says "da da da" very often.	Sucks left right thumb. Suck vests or napkins almost all day long.

Unter den Kindern der Londoner Hampstead Nursery befanden sich mehrere Zwillingspaare. Am Beispiel von Zwillingen versuchte die Wissenschaft seit den späten 30er Jahren die Bedeutung der Umwelt für die psychische Entwicklung von der Bedeutung der Erbfaktoren zu unterscheiden. Burlinghams Buch über Zwillinge schlägt einen anderen Weg ein: Sie untersucht die individuelle, imaginäre Welt von Zwillingspaaren und die psychischen Beziehungen der Kinder untereinander. Detaillierte Profile wurden dafür entwickelt, anhand derer die Mitarbeiter der Nursery Beobachtungen machten und eintrugen. Die innere Welt von Kindern, welche Beeinträchtigungen aufgrund von äußeren Bedingungen wie traumatischen Kriegsfolgen oder aber durch physische Behinderungen wie Blindheit erfahren mussten, blieb ein wiederkehrendes Thema in Burlinghams Studien.

1 Vgl. Protokoll des 29. Nursery-Treffens, 6.10.1937, Protokolle der Jackson Nursery, Sigmund Freud-Museum Wien.

2 Zu den psychoanalytischen Experimenten der Zwischenkriegszeit vgl. Charlotte Zwiauer, Harald Eichelberger (Hg.): Das Kind ist entdeckt. Erziehungsexperimente im Wien der Zwischenkriegszeit. Wien: Picus 2001; biographische Angaben zu Dorothy Burlingham finden sich in Michael John Burlingham: The Last Tiffany. A Biography of Dorothy Tiffany Burlingham. New York: Macmillan 1989.

2. Stock, Tür 11 Zurück

26 Jahre wohnten Dorothea (1877–1941) und Emil Humburger (1870–1949) auf Tür Nr. 11 in der Berggasse 19. Wie sein Vater war Emil Humburger Kaufmann und betrieb einen Handel mit Südfrüchten in der Kegelgasse im 3. Bezirk, wo er auch eine Zeit lang mit seiner Familie lebte. Wenige Wochen nach dem „Anschluss" an das nationalsozialistische Deutschland wurde der mittlerweile 68-jährige Emil Humburger gezwungen, seine Gewerbeberechtigung zurückzulegen. Die Auflösung seines Geschäftes fiel in die Zeit der „wilden Arisierungen". Kleinere jüdische Unternehmen wurden in den Wochen nach dem „Anschluss" geplündert – erst später wurde dieser Vorgang durch die NS-Behörden auf eine gesetzliche Basis gestellt.[1]

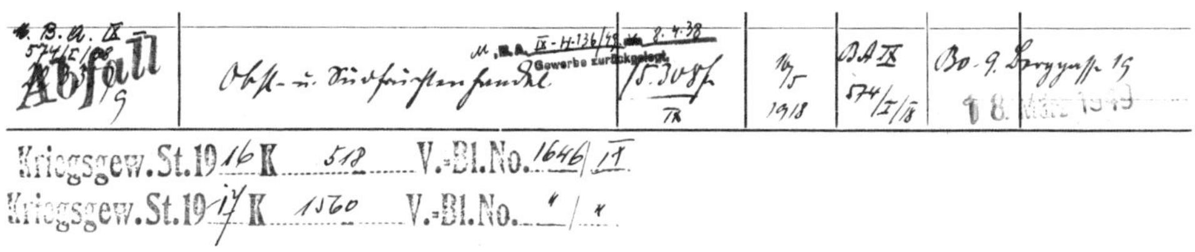

Namensblatt des Gewerbeinhabers
Emil Humburger, 1899–1938
MA 63 – Zentralgewerberegister

1939 floh Emil Humburger mit seiner Frau Dorothea nach Athen, wo eine seiner drei Töchter, Hedwig Stefanie, seit 1938 lebte. Zurück in Wien blieb seine älteste Tochter Lisbeth, die, eingeheiratet in eine katholische Familie, in Österreich überlebte. Die jüngste Tochter wohnte inzwischen in Tel Aviv. Grete Humburger war seit 1935 mit dem Schriftsteller Leo Perutz verheiratet und im Juli 1938 mit ihm und seinen drei Kindern aus erster Ehe über Italien nach Palästina ausgewandert. Die eigene Emigration hat Leo Perutz stichwortartig in seinem Taschenkalender festgehalten und im Romanfragment „Mainacht in Wien" literarisch verarbeitet.

16. Juni 1938
Poker mangels 4. abgesagt.
Mittags Steffi bei uns. Dann Humburgers.
Mit dem Alten debattiert, zwecklos.
Er will fort.
Dr. Lifcis bei mir, dann Sperber mit uns genachtmahlt.

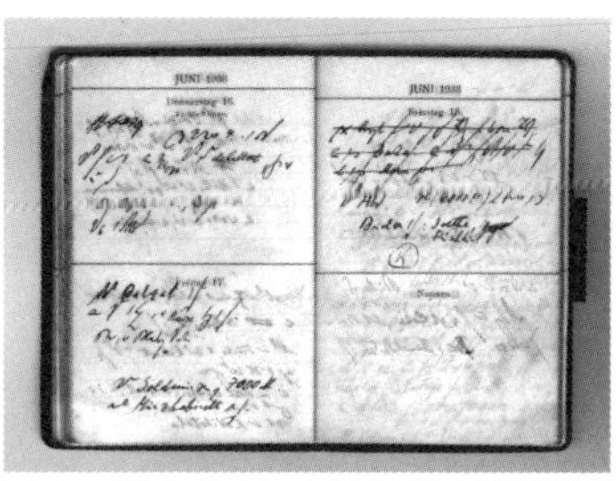

Taschenkalender von Leo Perutz, 1938, im Eigentum der Adolf und Luisa Haeuser-Stiftung
Deutsches Exilarchiv 1933–1945
Der Deutschen Bibliothek

17. Juni 1938
Vormittag Balzac gekauft.
Dann Gretl getroffen, ihr Reisetasche gekauft.
Sorgen, ob Blaky mitnehmen.
Meine Goldmünzen um 7000 M.
An das Münzkabinett verkauft.

18. Juni 1938
Früh Arzt bei mir, [Blut?] Untersuchung und Lore untersucht.
Dann Frau Zischa. Dann Arthur, brachte mir einen Brief
Von Frau Marie [...].
Mittag AW. Geld (6500 M) von Trencks geholt.
Bücher gekauft: Goethe, Puschkin.[2]

Freud, der Nachbar von Leo Perutz' Schwiegereltern, erhielt in diesem Romanfragment den einzigen Auftritt im Werk des Schriftstellers.

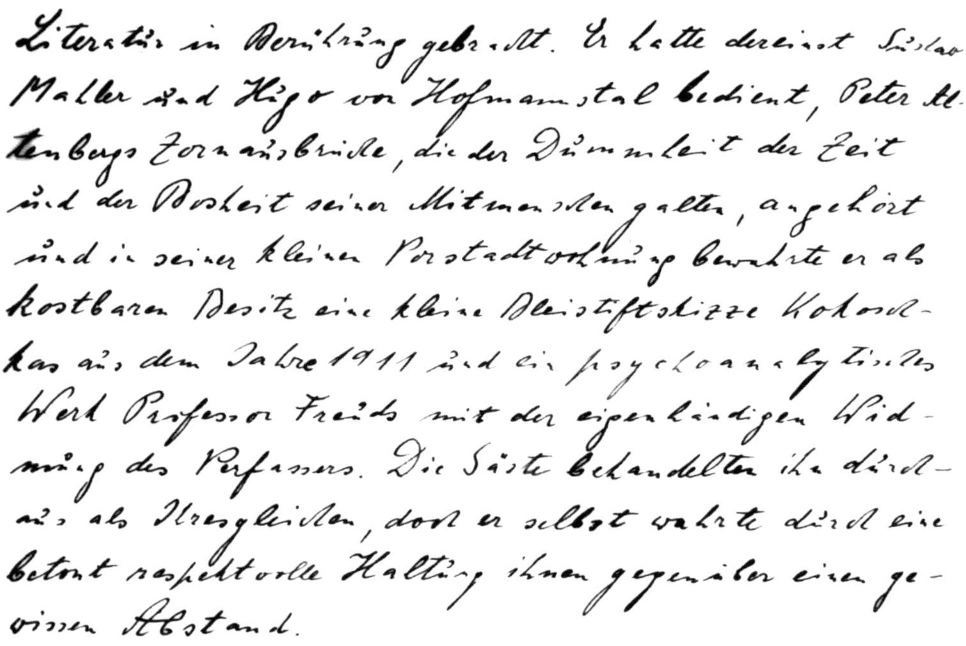
Literatur in Berührung gebracht. Er hatte dereinst Gustav Mahler und Hugo von Hofmannstal bedient, Peter Altenbergs Zornausbrüche, die der Dummheit der Zeit und der Bosheit seiner Mitmenschen galten, angehört und in seiner kleinen Vorstadtwohnung bewahrte er als kostbaren Besitz eine kleine Bleistiftskizze Kokoschkas aus dem Jahre 1911 und ein psychoanalytisches Werk Professor Freuds mit der eigenhändigen Widmung des Verfassers. Die Gäste behandelten ihn durchaus als Ihresgleichen, doch er selbst wahrte durch eine betont respektvolle Haltung ihnen gegenüber einen gewissen Abstand.

Manuskript „Mainacht in Wien" von Leo Perutz, 1938
Deutsches Exilarchiv 1933–1945
Der Deutschen Bibliothek

Dieser „Ober", der wie viele seiner Wiener Berufskollegen in London, in Paris und in Nizza gearbeitet und sich dort Weitläufigkeit und die Kenntnis der Weltsprachen angeeignet hatte, stand mit seinen Gästen auf vertrautem Fuß. Er kannte ihre Eigenheiten, ihre besonderen Neigungen, ihre Lebensumstände, ihre beruflichen Sorgen. Er wußte, ob der „Herr Doktor am Fünfertisch" ungestört zu bleiben wünschte oder ob ihm Gesellschaft willkommen war, welche Zeitung der „Herr Hofrat in der linken Eckloge" als erste zu lesen gewohnt war und wen um diese oder jene Stunde der „Herr Architekt am zweiten Fensterplatz" erwartete. Seine Tätigkeit hatte ihn mit den Größen der Kunst, der Musik und der Literatur in Berührung gebracht. Er hatte dereinst Gustav Mahler und Hugo von Hofmannsthal bedient, Peter Altenbergs Zornausbrüche, die der Dummheit der Zeit und der Bosheit seiner Mitmenschen galten, angehört, und in seiner kleinen Vorstadtwohnung bewahrte er als kostbaren Besitz eine kleine Bleistiftskizze Kokoschkas aus dem Jahre 1911 und ein psychoanalytisches Werk Professor Freuds mit der eigenhändigen Widmung des Verfassers. Die Gäste behandelten ihn durchaus als ihresgleichen, doch er selbst wahrte durch eine betont respektvolle Haltung ihnen gegenüber einen gewissen Abstand.[3]

Nach dem Tod seiner Frau im Jahr 1941 entschloss sich Emil Humburger, zu Grete und Leo Perutz nach Tel Aviv zu ziehen. Auch hier erzählen die Taschenkalender und die Briefe seines Schwiegersohnes an seinen ebenfalls emigrierten Agenten in Südamerika vom Leben im Exil, das drei Generationen auf engstem Raum zusammenführte. Sein fortgeschrittenes Alter, die politische Situation in Palästina und wohl auch die Konflikte mit seinem Schwiegersohn veranlassten Emil Humburger, 1947 nach Wien zurückzukehren.

Leo und Grete Perutz an Anny und Hugo Lifczis, 26.6.1941
Deutsches Exilarchiv 1933–1945
Der Deutschen Bibliothek

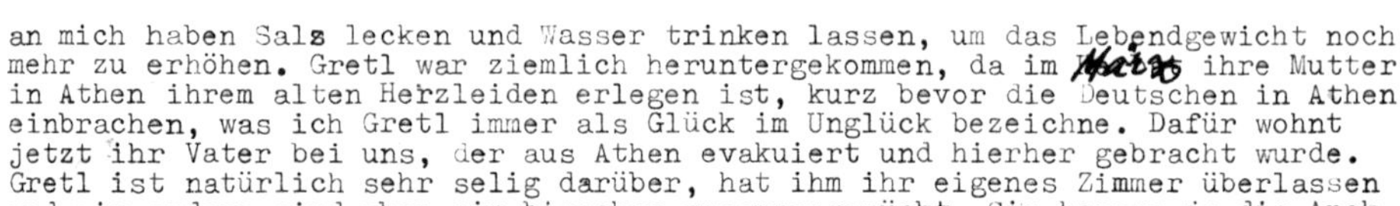
an mich haben Salz lecken und Wasser trinken lassen, um das Lebendgewicht noch mehr zu erhöhen. Gretl war ziemlich heruntergekommen, da im Mai ihre Mutter in Athen ihrem alten Herzleiden erlegen ist, kurz bevor die Deutschen in Athen einbrachen, was ich Gretl immer als Glück im Unglück bezeichne. Dafür wohnt jetzt ihr Vater bei uns, der aus Athen evakuiert und hierher gebracht wurde. Gretl ist natürlich sehr selig darüber, hat ihm ihr eigenes Zimmer überlassen und wir andern sind eben ein bisschen zusammengerückt. Sie kennen ja die Anek-

tote von der alten Jüdin, die sich zum Rabbi beklagen geht, dass sie mit 5 Hendln und 6 Kindern in einer Stub wohnen müsse und den Rat erhält, auch noch einen Ziegenbock in ihre Stub zu nehmen. Mit einem Wort also; er ist unser Ziegenbock. Sie ahnen nicht, wieviel Platz wir vorher in unsrer Wohnung gehabt haben, ohne es zu wissen. Nach Jerusalem fahren wir häufig, die 100 Gasserln der Altstadt

Die Wiener jüdische Gemeinde zählte vor der nationalsozialistischen Verfolgung mit rund 170.000 Juden und Jüdinnen zu den größten deutschsprachigen Gemeinden Europas. 1945 verzeichnete die Israelitische Kultusgemeinde Wien kaum mehr als 4000 Mitglieder, die in Verstecken überlebt hatten oder aus Lagern zurückgekommen waren. Diejenigen, die aus dem Exil zurückkehren wollten, sahen sich mit Reisebeschränkungen konfrontiert und erhielten kaum Hilfestellung in Österreich. Für Exilanten bot sich eine Rückkehr nach Österreich in den ersten Jahren nach dem Krieg nur in den seltensten Fällen an, zeichneten doch die Berichte in ausländischen Zeitungen ein abschreckendes Bild aus neu aufflackerndem Antisemitismus, verschleppten Entnazifizierungen und Rückstellungen.[4]

Entschieden sich Exilanten dennoch zur Rückkehr, so bewog sie oft ihr Alter oder politische und ökonomische Bedingungen im Exilland zu diesem Schritt. Emil Humburger kehrte mit den ersten von Palästina aus organisierten Gemeinschaftstransporten nach Wien zurück.

Namensblatt des Gewerbeinhabers
Emil Humburger, 1948–1949
MA 63 – Zentralgewerberegister

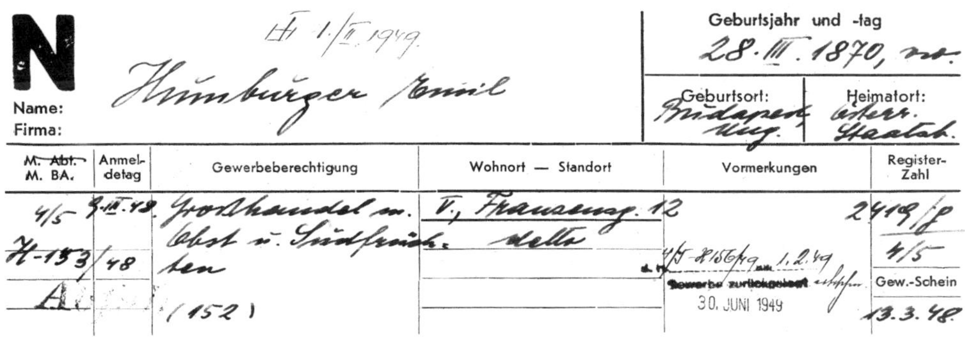
N
Name: Humburger Emil
Firma:
Geburtsjahr und -tag: 28. III. 1870
Geburtsort: Budapest Ung.
Heimatort: österr. Staatsb.

M. Abt. M. BA.	Anmeldetag	Gewerbeberechtigung	Wohnort — Standort	Vormerkungen	Register-Zahl
4/5 H-153/48	3.III.48	Großhandel m. Obst u. Südfrüchten (152)	V., Franzensg. 12 dtto	Gewerbe zurückgelegt 30. JUNI 1949	2419/f 4/5 Gew.-Schein 13.3.48

Die durchwegs älteren Remigranten, die wie Emil Humburger mit diesen ersten Transporten eintrafen, kamen auf eigene Initiative, da das offizielle Österreich kaum Bemühungen setzte, die Vertriebenen zurückzuholen, und die Alliierten, vor allem die USA, bis 1946 eine Einreise nach Österreich fast unmöglich machten. Allerdings wurde Juden in diesem Jahr die Rückstellung jenes geraubten privaten Vermögens, das sich inzwischen in Besitz von Privatpersonen befand, gesetzlich garantiert. Was ausblieb, war eine klare Regelung für Mietrechte und für Vermögen, das während der NS-Zeit an das Deutsche Reich verfallen war. Ob es Emil Humburger in dieser Situation gelang, eine Entschädigung zu erhalten, bleibt ungewiss. Seine Spuren verlieren sich, aus den Akten ist nur zu erfahren, dass der mittlerweile 77-Jährige die beiden letzten Lebensjahre einen Südfrüchtehandel im 5. Bezirk betrieb.

1 Constantin Goschler, Jürgen Lillteicher (Hg.): „Arisierung" und Restitution. Die Rückerstattung jüdischen Eigentums in Deutschland und Österreich nach 1945 und 1989. Göttingen: Wallstein 2002, S. 67 ff.

2 Ute Sarnau: Stenographisches Transkript Taschenkalender Leo Perutz, 1987, Deutsches Exilarchiv 1933–1945 Der Deutschen Bibliothek.

3 Zitiert nach Leo Perutz: Mainacht in Wien. Romanfragmente, kleine Erzählprosa, Feuilletons. Wien: Zsolnay 1996, S. 69.

4 Vgl. Helga Embacher: Neubeginn ohne Illusion. Juden in Österreich nach 1945. Wien: Picus 1995, S. 116 f.

3. Stock, Tür 14 Überleben

Victor John (1870–1942) wohnte seit 1904 mit seiner Frau Antoinette (1879–1941) und seinen beiden Töchtern auf Tür Nr. 14 in der Berggasse 19. Mehr als 30 Jahre arbeitete er als Direktor der Versicherungsgesellschaft Riunione Adriatica di Sicurtà in Wien. Wenige Wochen nach dem März 1938 wurde er in den Ruhestand versetzt, mit ungewisser Aussicht auf eine Firmenpension. Auch er wurde ab 1939 gezwungen, ihm zugewiesene Juden in seine Wohnung aufzunehmen. Im Sommer 1939 teilten er und seine Frau sich die Wohnung mit einem älteren Ehepaar, bis 1941 stieg die Anzahl der zwangsweise einquartierten Personen in ihrer Wohnung auf zwölf. Victor John versuchte trotz seines fortgeschrittenen Alters zusammen mit seiner Frau im September 1941 nach Uruguay auszuwandern. Es gelang ihm zwar noch, sich eine Schiffspassage zu verschaffen, doch nicht mehr, die Reise anzutreten. Mit Jahresbeginn 1941 hatten bereits die Transporte in das besetzte Gebiet in Polen eingesetzt, und nur mehr wenige Juden schafften die Flucht aus Wien. Victor John musste im November 1941 seine Wohnung in der Berggasse aufgeben, in ein Sammellager in der Großen Sperlgasse ziehen und wurde von dort aus mit seiner Frau nach Lodz deportiert, von wo beide nicht mehr wiederkehrten.

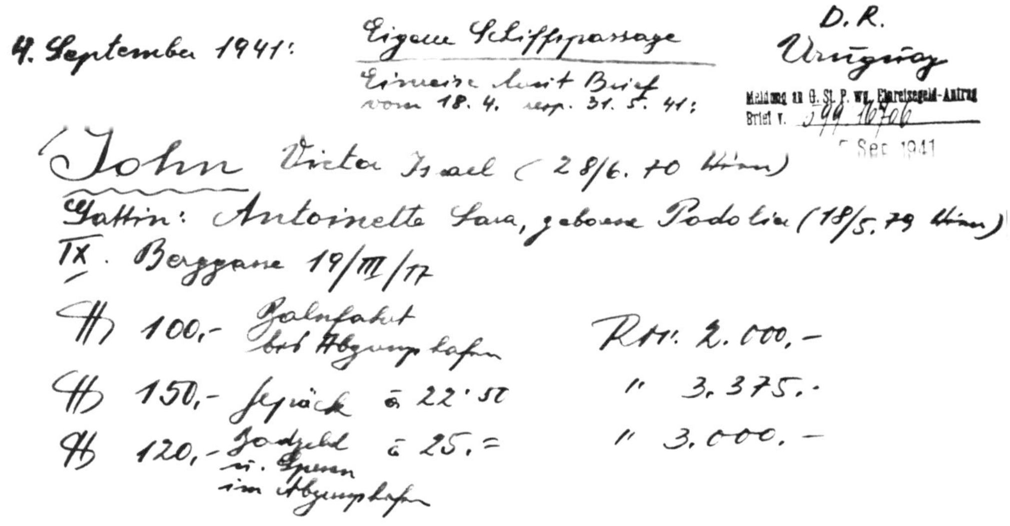
4. September 1941: Eigene Schiffspassage
Einreise laut Brief vom 18.4. resp. 31.5.41: D.R. Uruguay
Meldung an G. St. P. wg. Einreisegeld-Antrag Brief v. ... 5 Sep 1941
John Victor Israel (28/6.70 Wien)
Gattin: Antoinette Sara, geborene Podolier (18/5.79 Wien)
IX. Berggasse 19/III/17
$ 100,- Bahnfahrt bis Abgangshafen RM. 2.000,-
$ 150,- Gepäck à 22.50 " 3.375,-
$ 120,- Handgeld à 25,= u. Spesen im Abgangshafen " 3.000,-

Karteikarte, Victor John, 4.9.1941, Kartei der Devisenabteilung der Israelitischen Kultusgemeinde Wien Archiv der Israelitischen Kultusgemeinde Wien

Von den Bewohnern, mit denen das Ehepaar sich die Wohnung Nr. 14 zwischen 1939 und 1941 teilen musste, kehrten einige aus den Konzentrationslagern zurück: Elisabeth Winternitz wurde aus dem KZ Stutthof befreit, Emil und Ida Ehrenstein überlebten in Theresienstadt.

Emil Ehrenstein zählte zu jener Opfergruppe, die aufgrund ihres politischen Status einigermaßen rasch Anspruch auf Fürsorgeleistungen erhielt. Unmittelbar nach dem „Anschluss" wurde er für 80 Tage inhaftiert, weil er im Jänner 1938 einen Nationalsozialisten angezeigt hatte. Im September 1942 deportierte man ihn und seine Frau Ida nach Theresienstadt. Während ihr einziger Sohn in Auschwitz starb, wurden Emil und Ida Ehrenstein 1945 befreit und gingen nach dem Krieg wieder zurück nach Wien. Emil Ehrenstein bekam zunächst den Opferausweis ausgestellt, der im Wesentlichen nur geringfügige steuerliche Vorteile brachte. Unter Hinweis auf seine Inhaftierung im März

Antrag auf Ausstellung einer Amtsbescheinigung, Emil Ehrenstein an den Magistrat Wien, 12.6.1948
MA 12 – wien sozial

1938 und auf den „aktiven Einsatz" gegen den Nationalsozialismus, der ihm vom Bund der politisch Verfolgten bestätigt wurde, erhielt er schließlich die so genannte Amtsbescheinigung, die ihn zum Bezug einer Rente berechtigte.

Da ich nach Anzeige gegen einen Nazi im Jänner 1938 bei der Wr. Polizei 80 Tage hindurch (25/III – 15/VI 1938) in Haft war und 3 volle Jahre im K.Z. Theresienstadt zubringen mußte, wo ich körperlich misshandelt und dadurch eine schwere Herzerkrankung und gleich meiner Frau einen seelischen Zusammenbruch davontrug, woran ich noch heute leide, bin ich der Ansicht, dass mir auf Grund oben zitierten Gesetzes nach § 1 Abs. d die Amtsbescheinigung zuzuerkennen ist.

Nach 1945 wurden zuerst nur jene als Opfer des Nationalsozialismus anerkannt, die aufgrund ihrer widerständischen Aktivitäten während des NS-Regimes verfolgt wurden. Die größte Opfergruppe, die aufgrund ihrer Herkunft Verfolgten, trat erst spät in das öffentliche Bewusstsein. Dementsprechend sah auch das erste Opferfürsorgegesetz von 1945 Leistungen nur für die „Opfer des Kampfes um ein freies, demokratisches Österreich" mit österreichischer Staatsbürgerschaft vor. Hingegen blieben zur Flucht gezwungene Österreicher, die mittlerweile eine andere Staatsbürgerschaft angenommen hatten, über weite Strecken von Ansprüchen auf Leistungen ausgeschlossen.

Bescheinigung des KZ-Verbandes für Emil Ehrenstein, 28.2.1947
MA 12 – wien sozial

Der KZ-Verband, Verband der österreichischen antifaschistischen Konzentrationslager-Schutzhäftlinge, hat im Sinne der Bestimmung des Abschnittes I, Abs. (4) 1. OFE., bei Behörden, sowie bei den vom Anspruchwerber

Name: Ehrenstein Emil geb.: 8.II.68.

wohnhaft: Wien 2, Malzgasse 7.

Mitglied des KZ-Verbandes Nr. 3473

namhaft gemachten Zeugen und Mithäftlingen Erhebungen gepflogen, denen zufolge die Annahme begründet erscheint, daß der Inhaftnahme und Anhaltung des Anspruchswerbers in einem KZ (Anhaltelager) der politische Grund eines aktiven Einsatzes nach § 1, Abs. (1), II. OFV zugrunde lag.

Vor allem außenpolitische Motive bewogen die Politiker der Zweiten Republik, Österreich von jeglicher Mitschuld an den Verbrechen des Nationalsozialismus freizusprechen. Deshalb betonte man in den ersten Monaten nach Kriegsende auch die Rolle der „Kämpfer um ein freies, demokratisches Österreich". KZ-Überlebende hingegen, die keiner politischen Gruppierung zugeordnet werden konnten, stellten für die Regierungsvertreter der Zweiten Republik allzu oft eine Beunruhigung dar; die Geschichte ihrer Verfolgung belegte ja gerade die Beteiligung vieler Österreicher an den Verbrechen des Nationalsozialismus.

Die These von Österreich als erstem Opfer von Nazideutschland wirkte auch in den Regelungen der ersten Opferfürsorgegesetze weiter. Diese bevorzugten die Widerstandskämpfer gegenüber denen, die aus „rassischen" Gründen Verfolgung erfahren hatten. Juden fanden somit öffentliche Anerkennung nicht als Opfer der Rassenideologie, sondern zunächst nur, wenn sie sich auch als politische Opfer ausweisen konnten.[1]

1947 wurde ein neues Opferfürsorgegesetz verabschiedet, das auch den so genannten passiven Opfern, die aufgrund ihrer „Abstammung, Religion oder Nationalität" verfolgt worden waren, Anerkennung einräumte. Tatsächliche Fürsorgeleistungen waren aber auch 1947 an den „aktiven Einsatz" gegen den Nationalsozialismus gebunden. Erst ab 1949 konnten die am schwersten betroffenen jüdischen KZ-Überlebenden unter bestimmten Bedingungen eine Amtsbescheinigung und damit verbunden eine Rente erhalten.

1 Vgl. Brigitte Bailer-Galanda: Wiedergutmachung kein Thema. Österreich und die Opfer des Nationalsozialismus. Wien: Löcker 1993, S. 23 ff.

Einreichzettel für Bestellung
von Archivalien, 2003
Österreichisches Staatsarchiv,
Archiv der Republik

Name:

Datum:

Bestellung:

Vermögensverzeichnis, 1938
Österreichisches Staatsarchiv,
Archiv der Republik

Vor Ausfüllung des Vermögensverzeichnisses ist die beigefügte Anleitung genau durchzulesen!

Zur Beachtung!

1. **Wer hat das Vermögensverzeichnis einzureichen?** Jeder Anmeldepflichtige, also auch jeder Ehegatte und jedes Kind für sich. Für jedes minderjährige Kind ist das Vermögensverzeichnis vom Inhaber der elterlichen Gewalt oder von dem Vormund einzureichen.
2. **Bis wann ist das Vermögensverzeichnis einzureichen?** **Bis zum 30. Juni 1938.** Wer anmelde- und bewertungspflichtig ist, aber die Anmelde- und Bewertungspflicht nicht oder nicht rechtzeitig oder nicht vollständig erfüllt, **setzt sich schwerer Strafe (Geldstrafe, Gefängnis, Zuchthaus, Einziehung des Vermögens) aus.**
3. **Wie ist das Vermögensverzeichnis auszufüllen?** Es müssen sämtliche Fragen beantwortet werden. Nichtzutreffendes ist zu durchstreichen. Reicht der in dem Vermögensverzeichnis für die Ausfüllung vorgesehene Raum nicht aus, so sind die geforderten Angaben auf einer Anlage zu machen.
4. Wenn Zweifel bestehen, ob diese oder jene Werte in dem Vermögensverzeichnis aufgeführt werden müssen, sind die Werte aufzuführen.

Verzeichnis über das Vermögen von Juden

nach dem Stand vom 27. April 1938

des
der ...., ...
(Zu- und Vorname) (Beruf oder Gewerbe)

in ...., ...-Straße, Platz Nr. ....
(Wohnsitz oder gewöhnlicher Aufenthalt)

Angaben zur Person

Ich bin geboren am ....

Ich bin Jude (§ 5 der Ersten Verordnung zum Reichsbürgergesetz vom 14. November 1935, Reichsgesetzbl. I S. 1333) und — deutscher[1]) — .... — Staatsangehörigkeit[1]) — staatenlos[1]) —.

Da ich — Jude deutscher Staatsangehörigkeit[1]) — staatenloser Jude[1]) — bin, habe ich in dem nachstehenden Vermögensverzeichnis **mein gesamtes** inländisches und **ausländisches** Vermögen angegeben und bewertet[1]).

Da ich Jude fremder Staatsangehörigkeit bin, habe ich in dem nachstehenden Vermögensverzeichnis mein **inländisches** Vermögen angegeben und bewertet[1]).

Ich bin verheiratet mit .... geb. ....
(Mädchenname der Ehefrau)

Mein Ehegatte ist der Rasse nach — jüdisch[1]) — nichtjüdisch[1]) — und gehört der .... Religionsgemeinschaft an.

Angaben über das Vermögen

I. Land- und forstwirtschaftliches Vermögen (vgl. Anleitung Ziff. 9):

Wenn Sie am 27. April 1938 land- und forstwirtschaftliches Vermögen besaßen (gepachtete Ländereien u. dgl. sind nur aufzuführen, wenn das der Bewirtschaftung dienende Inventar Ihnen gehörte):

Lage des eigenen oder gepachteten Betriebs und seine Größe in Hektar? (Gemeinde — Gutsbezirk — und Hofnummer, auch grundbuch- und katastermäßige Bezeichnung)	Art des eigenen oder gepachteten Betriebs? (z. B. landwirtschaftlicher, forstwirtschaftlicher, gärtnerischer Betrieb, Weinbaubetrieb, Fischereibetrieb)	Handelte es sich um einen eigenen Betrieb oder um eine Pachtung	Wert des Betriebs RM	Bei eigenen Betrieben: Wenn der Betrieb noch Anderen gehörte: Wie hoch war Ihr Anteil? (z. B. 1/4)
1	2	3	4	5

II. Grundvermögen (Grund und Boden, Gebäude) (vgl. Anleitung Ziff. 10):

Wenn Sie am 27. April 1938 Grundvermögen besaßen (Grundstücke, die **nicht** zu dem vorstehend unter I und nachstehend unter III bezeichneten Vermögen gehörten):

Lage des Grundstücks? (Gemeinde, Straße und Hausnummer, bei Bauland auch grundbuch- und katastermäßige Bezeichnung)	Art des Grundstücks? (z. B. Einfamilienhaus, Mietwohngrundstück, Bauland)	Wert des Grundstücks RM	Wenn das Grundstück noch Anderen gehörte: Wie hoch war Ihr Anteil? (z. B. 1/4)
1	2	3	4

[1]) Nichtzutreffendes ist zu durchstreichen.

Vermögensverzeichnis (VO v. 26. 4. 38).

Heftrand

III. Betriebsvermögen (vgl. Anleitung Ziff. 11 und 12):

a) Wenn Sie am 27. April 1938 Inhaber eines **Gewerbebetriebs** waren (vgl. Anleitung Ziff 11):

Bezeichnung des Betriebs (Firma), Ort der Geschäftsleitung und Art des Betriebs (z. B. Maschinenfabrik, Lebensmittelhandlung, Gastwirtschaft, Tischlerei)	Gesamtwert des Betriebs nach Abzug der Betriebsschulden RM	Wenn der Betrieb noch Anderen gehörte: Wie hoch war Ihr Anteil? (z B. 1/4)
1	2	3

Außer den Angaben in den Spalten 1 bis 3 ist die Berechnung des „Gesamtwerts des Betriebs" in einer Anlage im einzelnen zu erläutern.

b) Wenn Sie am 27. April 1938 **an offenen Handelsgesellschaften, Kommanditgesellschaften oder ähnlichen Gesellschaften beteiligt waren:**

α) Um welche Gesellschaften handelt es sich? (Bezeichnung des Betriebs, Firma, Ort der Geschäftsleitung) ....

β) Wie hoch war Ihr **Anteil**? .... Wie hoch war der **Wert** Ihres Anteils? .... RM

c) Wenn Sie am 27. April 1938 Vermögen besaßen, das der **Ausübung eines freien Berufs** diente (vgl. Anleitung Ziff. 12):

α) Art des freien Berufs? ....
(z. B. Augenarzt, Rechtsanwalt, Architekt, Kunstmaler)

β) Wo wurde der Beruf ausgeübt? ....
(Gemeinde, Straße, Hausnummer)

γ) Welchen Wert hatte das dem freien Beruf gewidmete Reinvermögen am 27. April 1938? .... RM

(Eine Aufstellung dieses Vermögens, aufgegliedert insbesondere nach Inventar (z. B Instrumente, Bibliothek) und Außenständen, ist beizufügen. Wenn Sie den freien Beruf zusammen mit anderen Personen ausübten, ist in der Aufstellung das gemeinschaftliche Vermögen aufzuführen und der Wert Ihres Anteils hieran anzugeben.)

IV. Sonstiges Vermögen, insbesondere Kapitalvermögen (vgl. Anleitung Ziff. 13 bis 21):

Welchen Wert hatte das Ihnen am 27. April 1938 gehörige sonstige Vermögen (ohne Abzug von Schulden), u. zw.:

a) Festverzinsliche Wertpapiere einschl. Schuldbuchforderungen und Sachwertanleihen (z. B. Anleihen oder Schuldverschreibungen von Staaten und Gemeinden, Obligationen von Industriegesellschaften, Pfandbriefe, Steuergutscheine usw.),

Wertpapiere mit Dividendenertrag (z. B. Aktien, Kuxe und Genußscheine, Reichsbankanteilscheine, Reichsbahnvorzugsaktien),

Geschäftsanteile an inländischen und ausländischen Unternehmen? (z. B. Anteile an Gesellschaften mit beschränkter Haftung, — Name der Gesellschaft, Ort der Geschäftsleitung ist anzugeben) — vgl Anleitung Ziff. 14 —.

Bezeichnung des Wertpapiers usw. *(Wird ein Bankauszug beigefügt, aus dem sich die Angaben zu den Sp. 1 bis 5 vollständig ergeben, so genügt die Ausfüllung der Sp. 5 unter Hinweis auf den Bankauszug)*	Zinssatz [1]	Nennbetrag des gesamten Besitzes an dem in Sp. 1 bezeichneten Wertpapier usw.	Kurswert gemeiner (Verkaufs-) Wert in Prozenten oder für 1 Stück o. dgl	Wert für den in Sp. 3 angegebenen Nennbetrag RM	Bemerkungen
1	2	3	4	5	6

[1]) Nur bei festverzinslichen Werten anzugeben, nicht z. B. bei Aktien, Kuxen, Anteilen an Gesellschaften mit beschränkter Haftung.

b) **Verzinsliche und unverzinsliche Kapitalforderungen jeder Art an Inländer oder Ausländer?** (z. B. Hypotheken, Grundschuldforderungen, Darlehen, Einlagen als stiller Gesellschafter, solche Ansprüche auf Gehälter, Löhne, Zinsen und ähnliche Beträge, die am 27. April 1938 bereits fällig, jedoch noch nicht ausgezahlt waren, Tilgungsfonds, die zugunsten des Steuerpflichtigen angesammelt sind u. dgl.) — vgl. Anleitung Ziff. 15 —

(Spareinlagen, Bankguthaben, Postscheckguthaben und sonstige laufende Guthaben sind nicht hier, sondern nachstehend zu c anzugeben.)

Art der Forderung (z. B. Hypothek, Darlehen)	Name und Anschrift des Schuldners	Nennbetrag der Forderung	Zinssatz [1]	Vertragliche Laufzeit bis [2]	Bemerkungen (z. B. über Umrechnung einer ausländischen Währung)
1	2	3	4	5	6

c) Zahlungsmittel, Spareinlagen, Bankguthaben, Postscheckguthaben und sonstige laufende Guthaben (vgl. Anleitung Ziff. 16) .... RM

Die Beträge in ausländischer Währung und die angewandten Umrechnungssätze sind im einzelnen ggf. auf einer Anlage, anzugeben.

d) Geschäftsguthaben bei Erwerbs- und Wirtschaftsgenossenschaften? (vgl. Anleitung Ziff. 17) .... RM

Name der Genossenschaft, Ort der Geschäftsleitung: ....

e) Noch nicht fällige Ansprüche aus Lebens-, Kapital- oder Rentenversicherungen, zu berechnen mit ²/₃ der eingezahlten Prämien oder Kapitalbeiträge oder mit dem Rückkaufswert? (vgl. Anleitung Ziff. 18) .... RM

Name der Versicherungsgesellschaft: ....

Nr. des Versicherungsscheins: ....

f) Altenteilsrechte, Nießbrauchsrechte und sonstige Rentenrechte? (vgl. Anleitung Ziff. 19): Welchen Wert hatte die einjährige Nutzung? .... RM. Seit wann stehen Ihnen die Nutzungen zu?

Seit .... 19.......... Bis wann stehen Ihnen die Nutzungen zu? Bis .... 19..........

(Falls das Recht mit dem Ableben einer Person erlischt, sind auch Tag, Monat und Jahr der Geburt dieser Person anzugeben.)

Welchen Kapitalwert hatte das Recht? .... RM

g) Gegenstände aus edlem Metall, Schmuck- und Luxusgegenstände, Kunstgegenstände und Sammlungen? (vgl. Anleitung Ziff. 20) .... RM

h) Edelmetalle, Edelsteine und Perlen? .... RM

i) Anderes nicht unter a bis h fallendes „sonstiges Vermögen?" (vgl. Anleitung Ziff. 21) .... RM

(z. B. Urheberrechte, geschützte und nicht geschützte Erfindungen, solche Gewerbeberechtigungen, die nicht vom Berechtigten selbst ausgeübt werden.)

Art der Gegenstände und Errechnung ihres Werts sind hier anzugeben. ....

....

....

....

....

....

1) Einschließlich eines vereinbarten Verwaltungskostenbeitrags. — 2) Bei Festzeithypotheken ist der Zeitpunkt einzusetzen, an dem die Rückzahlung frühestens verlangt werden kann, bei Kündigungshypotheken (ohne feste Mindestlaufzeit) ist die Kündigungsfrist anzugeben.

Heftrand

V. Abzüge, soweit sie nicht das Betriebsvermögen (oben Abschnitt III) betreffen

(Schulden und Lasten dürfen nur insoweit abgezogen werden, als sie bei Beginn des 27. April 1938 bereits bestanden. Sie sind nachstehend im einzelnen aufzuführen.)

a) Schulden (vgl. Anleitung Ziff. 22):

Art der Schuld (z. B. Hypotheken-, Darlehensschuld)	Name und Anschrift des Gläubigers	Nennbetrag der Schuld	Zinssatz[1]	Vertragliche Laufzeit bis[2]	Bemerkungen (z. B. über Umrechnung einer ausländischen Währung)
1	2	3	4	5	6

b) Altenteilslasten, Nießbrauchslasten und sonstige Rentenlasten (vgl. Anleitung Ziff. 23): Welchen Wert hat die einjährige Leistung? .... *RM.* Seit wann sind die Leistungen zu entrichten? Seit .... 19........... Bis wann sind die Leistungen zu entrichten? (Falls die Leistungen bis zum Ableben einer Person zu entrichten sind, sind auch Tag, Monat und Jahr der Geburt dieser Person anzugeben.) Bis .... 19........... Welchen Kapitalwert hatte die Last? .... *RM.*

VI. Bemerkungen:

....

....

....

....

....

....

....

Ich versichere, die vorstehenden Angaben **nach bestem Wissen und Gewissen** gemacht, insbesondere mein Vermögen in diesem Vermögensverzeichnis **vollständig angegeben zu haben.** Soweit Werte in diesem Vermögensverzeichnis angegeben sind, bin ich von der Anleitung, die dem Vordruck zu diesem Vermögensverzeichnis beigelegen hat, nicht abgewichen.

.... 1938

....
(Unterschrift des Anmeldepflichtigen oder der an seiner Stelle zur Abgabe des Vermögensverzeichnisses verpflichteten Person)

Vermögensverzeichnisse ohne Unterschrift gelten als nicht abgegeben

[1]) Einschließlich eines etwa vereinbarten Verwaltungskostenbeitrags. — [2]) Bei Festzeithypotheken ist der Zeitpunkt einzusetzen, an dem die Rückzahlung frühestens verlangt werden kann, bei Kündigungshypotheken (ohne feste Mindestlaufzeit) ist die Kündigungsfrist anzugeben.

Anmeldung entzogener
Vermögen, 1946
Österreichisches Staatsarchiv,
Archiv der Republik

Anmeldung entzogener Vermögen

Anmelder

Name: ....

Adresse: ....

....

Telephon-Nr.: ....

Gegenstand der Anmeldung: (schlagwortartig, Nichtzutreffendes streichen)

Industrie
Land- und Forstwirtschaft
Handel und Gewerbe
Hausbesitz
Mobiliar
Rechte und Berechtigungen

An die (den)

Bezirkshauptmannschaft ....

Magistrat der Stadt ....

Betrifft: Anmeldung entzogener Vermögenschaften und Vermögensrechte.

Auf Grund der Vermögensentziehungs-Anmeldungsverordnung (VEAV.) melde(n) ich/wir an:

1. Gegenstand der Anmeldung [§ 3, Abs. (1), Punkt 1, der VEAV.]:*)

Bezeichnung der Vermögenschaft:

Bemerkung: Es sind alle Rubriken auszufüllen; sofern dies nicht möglich ist, sind die Gründe hiefür kurz anzugeben, also z. B. „unbekannt".

*) Falls der Raum nicht ausreicht, sind die Angaben auf Einlageblättern fortzusetzen.

St. Dr. Lager-Nr. 75. — Österreichische Staatsdruckerei, Verlag. 6128 46

2., 3. und 4. Angaben gemäß § 3, Abs. (1) und Abs. (3), der VEAV.

2.

Eigentümer — Berechtigter [§ 3, Abs. (1), Punkt 2, der VEAV.].

Angaben	Name		Staatsbürgerschaft	Anschrift
	Familienname	Vorname		
am 13. März 1938				
am Tage des Eigentumsüberganges*)				
im Zeitpunkt der Erstattung der Anmeldung*)				

*) Es handelt sich um ein- und dieselbe Person; aus dieser Aufstellung soll nur hervorgehen, ob und wann diese Person Vor- und Zuname, Staatsbürgerschaft und Anschrift geändert hat.

Erwerber [§ 3, Abs. (1), Punkt 3, der VEAV.].

Angaben	Name		Staatsbürgerschaft	Anschrift
	Familienname	Vorname		
am 13. März 1938				
am Tage des Eigentumsüberganges**)				
am 29. Mai 1945**)				
im Zeitpunkt der Erstattung der Anmeldung**)				

**) Es handelt sich um ein- und dieselbe Person; aus dieser Aufstellung soll nur hervorgehen, ob und wann diese Person Vor- und Zuname, Staatsbürgerschaft und Anschrift geändert hat.

4.

für jeden weiteren Eigentumsübergang [§ 3, Abs. (3), der VEAV.] sind die laut Vordruck 3, für den Erwerber einzusetzenden Angaben zu wiederholen.

Angaben	Name		Staatsbürgerschaft	Anschrift
	Familienname	Vorname		

5.	
Für jeden weiteren Übergang derartiger Vermögenschaften und Vermögensrechte sind die Angaben auf besonderen Blättern einzusetzen.	a) Genaue Bezeichnung des Rechtsgrundes des Eigentumsüberganges [§ 3, Abs. (1), Punkt 4a, der VEAV.]: b) Bewertung der Vermögenschaft (des Vermögensrechtes) im Zeitpunkt des Eigentumsüberganges [§ 3, Abs. (1), Punkt 4b, der VEAV.]: c) Allfällige Gegenleistung mit der Angabe, in welcher Weise erbracht [§ 3, Abs. (1), Punkt 4c, VEAV.]

6. Veränderungen der Vermögenschaften (Vermögensrechte) in der Zeit zwischen dem anmeldungspflichtigen Eigentumsübergang und dem 29. Mai 1945 [§ 3, Abs. (1), Punkt 5, der VEAV.]

7. Veränderungen nach dem 29. Mai 1945 [§ 3, Abs. (1), Punkt 6, der VEAV.]

8. Bewertung am Tage der Erstattung der Anmeldung

Ich versichere, vorstehende Angaben nach bestem Wissen und Gewissen gemacht zu haben

.............................., am .... 19..........

....
Unterschrift des Anmelders

Richtlinien
für die Ausfüllung des Fragebogens

Anmeldepflicht: Die Anmeldung obliegt dem gegenwärtigen Inhaber; er hat dieselbe auch dann vorzunehmen, wenn er in einem früheren Zeitpunkte Eigentümer (Berechtigter) gewesen ist [§ 1, Abs. (1), und § 4 der Vermögensentziehungs-Anmeldungsverordnung (VEAV.)].

Anmelderecht: Auch den geschädigten (früheren) Eigentümern (Berechtigten) sowie deren Vertretern steht es frei, gleichartige Anmeldungen zu erstatten (§ 6 der VEAV.).

Gegenstand der Anmeldung: Anzumelden sind Vermögenschaften [Text der VEAV. § 1]:

(1) Anzumelden sind Vermögenschaften und Vermögensrechte, die nach dem 13. März 1938, sei es eigenmächtig, sei es auf Grund gesetzlicher oder anderer Anordnungen aus sogenannten rassischen, nationalen oder anderen Gründen den Eigentümern (Berechtigten) — im folgenden „geschädigter Eigentümer" genannt — im Zusammenhange mit der nationalsozialistischen Machtübernahme entzogen worden sind [§ 1, Abs. (1), der VEAV.].

(2) Jede Vermögenschaft, die nach dem 13. März 1938 — sei es entgeltlich, sei es unentgeltlich — auf eine dritte Person (im folgenden „Erwerber" genannt) übergegangen ist, unterliegt der Anmeldungspflicht auf Grund dieser Verordnung, falls nicht angenommen werden kann, daß die Übertragung auf Grund einer freien Willensübereinstimmung zwischen dem „geschädigten Eigentümer" und dem ersten Erwerber erfolgt ist. Eine solche freie Willensübereinstimmung kann für den Zweck der Anmeldung insbesondere dann nicht angenommen werden, wenn die Veräußerung nicht von dem geschädigten Eigentümer selbst oder seinem Bevollmächtigten vorgenommen wurde oder zwischen dem Erlös und dem Werte ein Mißverhältnis bestand oder sonst angenommen werden kann, daß sich der geschädigte Eigentümer zum Abschlusse des Vertrages infolge der nationalsozialistischen Machtübernahme entschlossen hat [§ 1, Abs. (2), der VEAV.].

Zweifelsfälle: Die Anmeldung ist auch dann zu erstatten, wenn Zweifel über die Anmeldepflicht bestehen. Die Zweifelsgründe sind anzugeben [§ 1, Abs. (3), der VEAV.].

Anmeldefrist: Die Anmeldungen durch den Inhaber sind innerhalb zweier Monate nach Inkrafttreten der VEAV zu erstatten (§ 2 der VEAV.).

Anmeldeort: Die Anmeldungen sind bei der Bezirksverwaltungsbehörde zu erstatten, in deren Zuständigkeitsbereich die anzumeldende Vermögenschaft gelegen war oder der geschädigte Eigentümer seinen letzten ordentlichen Wohnsitz hatte. Wenn keine dieser beiden Voraussetzungen zutrifft, hat die Anmeldung bei der für den Wohnort des Erwerbers zuständigen Bezirksverwaltungsbehörde zu erfolgen [§ 5, Abs. (2), der VEAV.]. Anmeldungen an einem anderen Ort oder in anderer Form gelten nicht als Anmeldungen im Sinne des Gesetzes (§ 8 der VEAV.).

Formvorschriften: Die Anmeldungen sind in dreifacher Ausfertigung [§ 5, Abs. (1), und Abs. (3), der VEAV.] in Maschinschrift oder Handschrift mit Tinte zu schreiben und vom Anmeldepflichtigen mit Tinte eigenhändig zu unterfertigen. Wenn — sei es auf seiten des geschädigten Eigentümers, sei es auf seiten des Erwerbers — mehr als eine Person beteiligt sind, so ist für jede dieser Personen eine weitere Gleichschrift vorzulegen [§ 5, Abs. (1), der VEAV.].

Falls im Texte der Anmeldung auf Beilagen Bezug genommen wird, so sind diese in eben so vielen Gleichschriften vorzulegen wie die Anmeldungen selbst.

In einer Anmeldung sind nur solche Vermögenschaften (Vermögensrechte) zusammenzufassen, die eine wirtschaftliche Einheit gebildet haben und auch derzeit noch bilden. Insoweit es sich um Liegenschaften handelt, die in verschiedenen Gerichtsbezirken liegen, sind jedenfalls gesonderte Anmeldungen vorzulegen (§ 7 der VEAV.).

Grundbuchsauszüge: Die Gerichte sind angewiesen, für den Zweck der Vermögensanmeldung besondere Grundbuchsauszüge auszufertigen.

Anfrageformular für historische
Meldedaten, 2002
MA 8 – Wiener Stadt- und
Landesarchiv

MAGISTRATSABTEILUNG 8 - WIENER STADT- U. LANDESARCHIV
RATHAUS, A-1082 WIEN

Bitte mit Durchschlag ausfüllen!

Anfragesteller/in:
(Name, Adresse, Unterschrift)

Bekannte Daten:
(Name, ev. Geburtsname und Name des Gatten, bei Jugendlichen Namen der Eltern, Beruf, Stand, Geburtsort, Geburtsdatum, ev. Wohnort. **Möglichst vollständige Angaben!)**

Gewünschte Auskunft:
(Möglichste Präzisierung des Zeitraums)

Auskunft des Wiener Stadt- und Landesarchivs:

Eingelangt am: Wien,

Zl. Für den Direktor:

NUR FÜR ANFRAGEN AUS DEN MELDEUNTERLAGEN ZU VERWENDEN!

MA 8 - SO 20 - 5 - 961 - 107852 - 20

Aus Altpapier hergestellt

Meldezettel, 1930er Jahre
MA 8 – Wiener Stadt- und
Landesarchiv

Amtsstampiglie. (Anmeldung.)

Meldezettel für Unterparteien.

Deutliche Schrift mit Tinte! (Auszug aus den Meldevorschriften auf dem Meldungsnachweis.)

1	Bez.,	Stiege, Stock, Tür Nr.	
2	Vor- und Zuname:		
3	Beruf:		Laut Amtsstampiglie abgemeldet am:
4	Geburtsort, -bezirk, -land:		
5	Heimats(Zuständigkeits)-ort, -bezirk, -land:		
6	Staatsbürgerschaft:		Ist ausgezogen am:
7	Geburtstag, -monat, -jahr; Religion; ledig, verheiratet, verwitwet?		
8	Namen und Geburtsdaten der mitwohnenden: Gattin, auch Mädchenname:		nach (Ort, Bezirk, Gasse Nr.):
9	Namen und Geburtsdaten der mitwohnenden: Kinder unter 18 Jahren:		
10	Frühere Wohnung in Wien:	gasse Nr. bis 19	
11	Wenn zugereist: Ordentlicher Wohnsitz:		
12	Wenn zugereist: Letzter Aufenthaltsort:		
13	Wenn zugereist: Behörde, Zahl, Datum der Reisedokumente, welche?		
14	Wenn zugereist: Behörde, Zahl, Datum des österr. Paßvisums:		
15		Wien, am	

Unterschrift des Wohnungsgebers:

Unterschrift des Hauseigentümers (Stellvertreters):

Druck der Österreichischen Staatsdruckerei in Wien. (St.) 1307 23

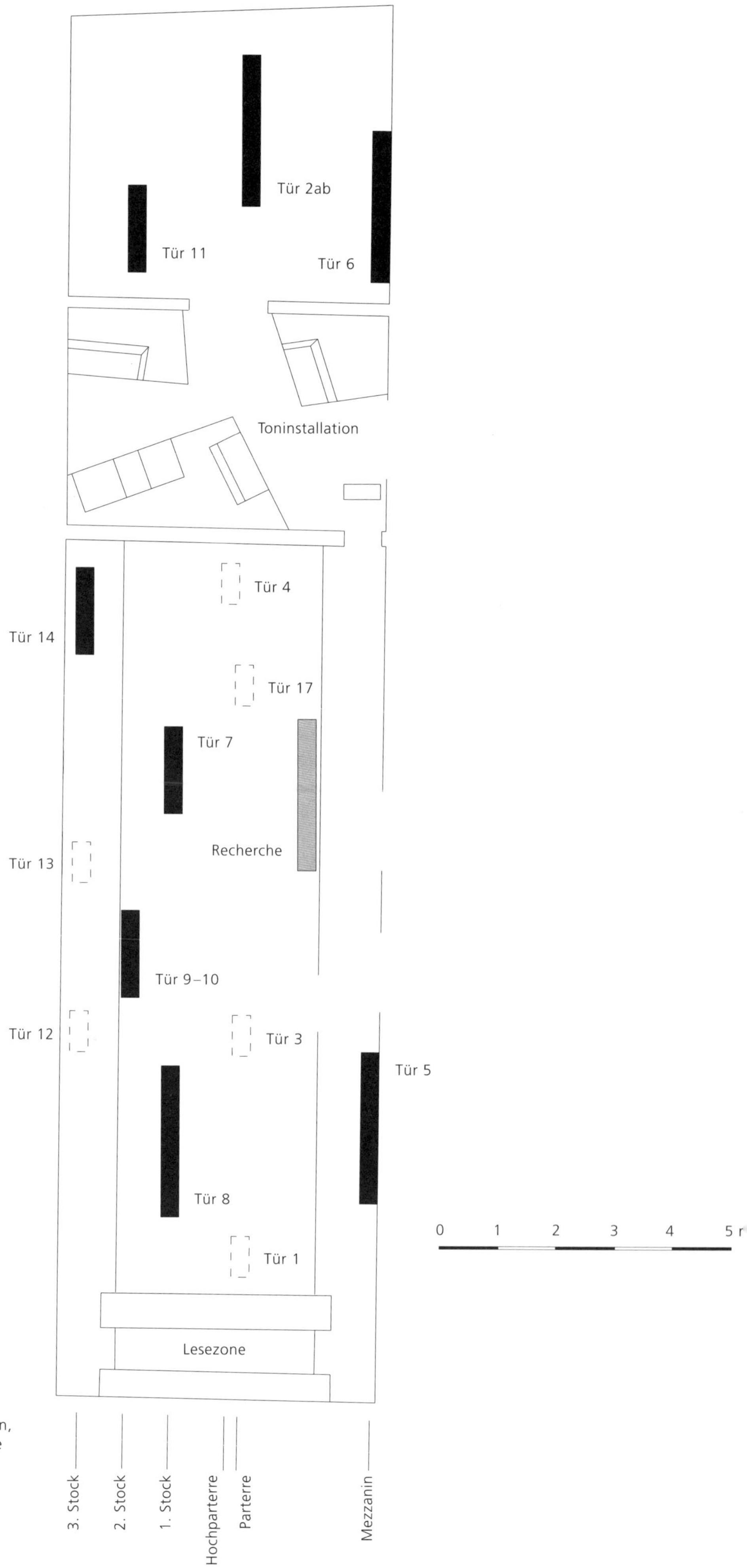

Ausstellungsarchitektur
rainer pirker architeXture

Grundrissdisposition der Schaukästen,
der Toninstallation und der Lesezone

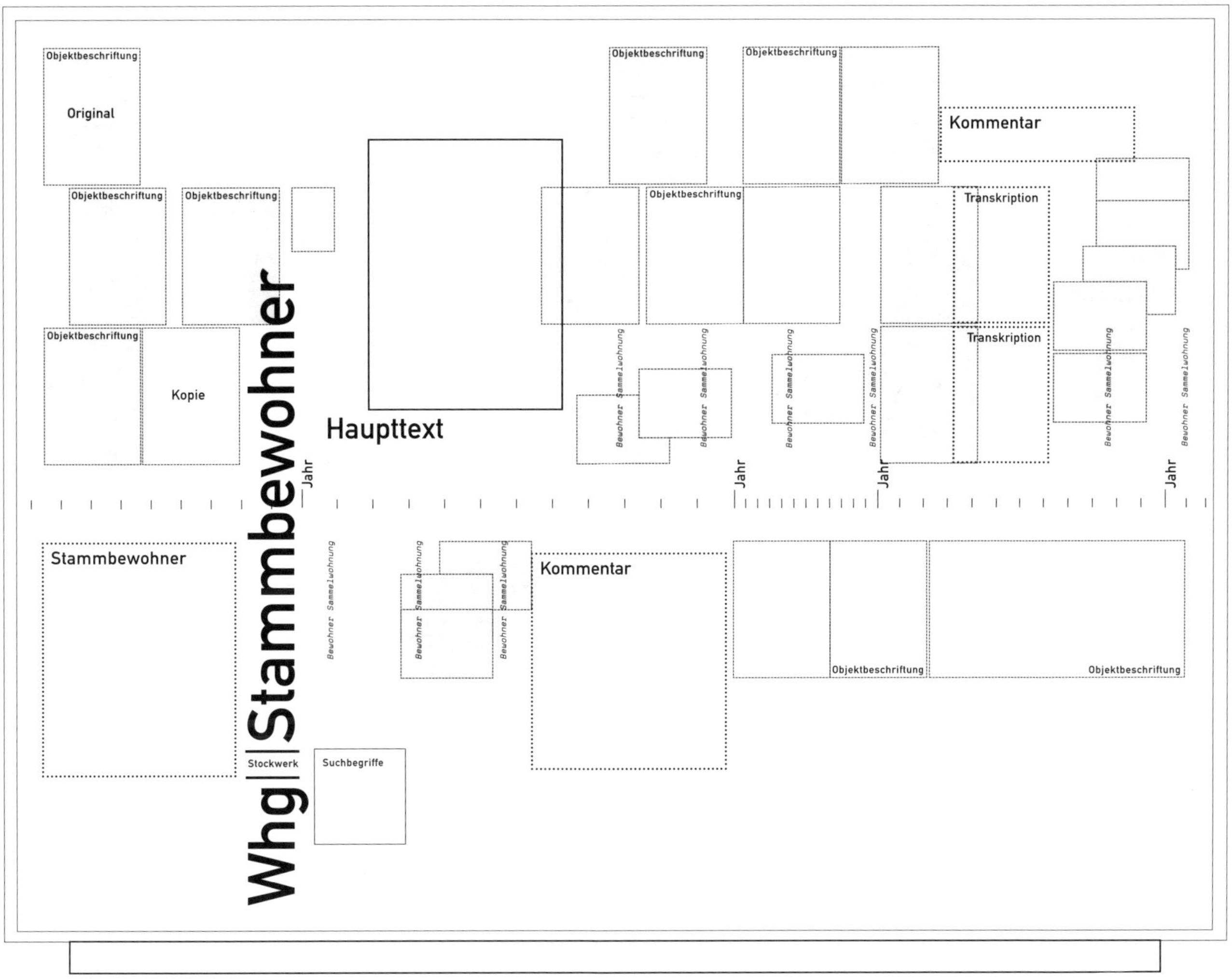

Ansicht

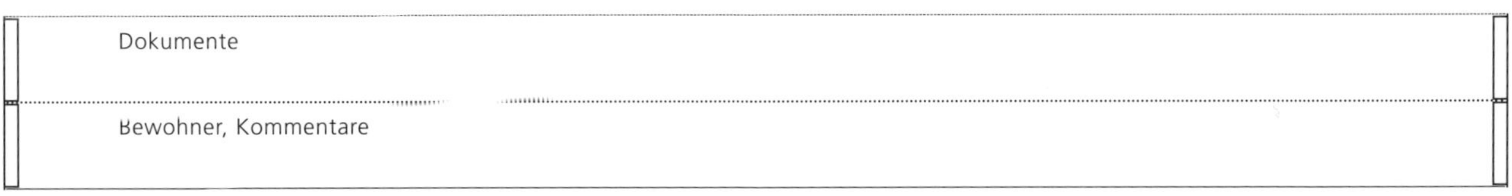

Horizontalschnitt

0 10 20 30 40 50 cm

Schaukastenmatrix

Oliver Rathkolb

Verhandlungen über Schuld und Geschichte

Materielle Restitution und Entschädigung in Österreich 1945–2002

Der Zweite Weltkrieg war auf dem Territorium Österreichs noch nicht beendet, als der ehemalige Staatskanzler der Ersten Republik, Karl Renner, bereits das Nachkriegsdesign Österreichs skizzierte. Nach erster Kontaktnahme mit sowjetischen Politoffizieren war er auf Schloss Eichbüchl bei Wiener Neustadt gebracht worden. Dort entwickelte er unter anderem bereits vor dem 21. April 1945 eine politökonomische Gedankenskizze: „Probleme II: Volkswirtschaft, A. Restitution". In dieser hielt er seine Prinzipien und Vorstellungen zur Rückgabe aller zwischen „1934 und 1938 der Arbeiterschaft geraubten privat- und öffentlich-rechtlichen Einrichtungen" fest, „um den Trägern der proletarischen Aufbaubewegung die gesicherte Existenzbasis zurückzugeben". Bezüglich der „Rückgabe des geraubten Judengutes" zielte er aber in eine gänzlich andere Richtung: „Rückgabe [...] nicht an die einzelnen Geschädigten, sondern an einen gemeinsamen Restitutionsfonds. Die Errichtung eines solchen und die im folgenden vorgesehenen Modalitäten sind notwendig, um ein massenhaftes, plötzliches Zurückfluten der Vertriebenen zu verhüten (ein Umstand, der aus vielen Gründen sehr zu beachten ist)."[1]

Renner selbst rechnete mit bis zu zehn Jahren, ehe dieses Fondsvermögen zusammengetragen werden könnte, wobei die „Geschädigten" solidarisch nur Anteile erhalten sollten, nicht jedoch ihr Eigentum „in natura". Verstaatlichte, d. h. in der Diktion Renners sozialisierte Unternehmen jüdischer Eigentümer sollten in Form von „Fondsanteilen" abgegolten werden, d. h., letztlich sollte de facto die „Arisierung" der Eigentumsrechte (nicht der Werte!) durch das Deutsche Reich prolongiert und – wie Renner 1945 schrieb – „die Volksgesamtheit nicht haftbar" gemacht werden.

Sechs Tage später, am 27. April 1945, stand Karl Renner wieder wie 1918 als Staatskanzler einer – aber nur von der Sowjetunion anerkannten – Regierung vor. Renners Perspektive auf die Restitution von Vermögen, das Juden während des NS-Regimes entzogen worden war, vermischte den Opferstatus der Sozialdemokraten, die wie auch die Kommunisten nach dem Bürgerkrieg 1934 vom autoritären Dollfuß- und Schuschnigg-Regime enteignet worden waren, mit jenem der Juden. Die politische Nachkriegselite der SPÖ wie auch der ÖVP setzte sich kaum mit dem Leid, Elend und den Traumata der wenigen überlebenden Juden in Österreich, in den Konzentrationslagern und im Exil auseinander. 2700 Menschen wurden durch die NS-Gerichte hingerichtet, circa 27.000 starben in Konzentrationslagern und in der Gestapohaft, mehr als 65.000 jüdische Österreicher und 8000 österreichische Roma und Sinti wurden in den Todeslagern ermordet. Etwa 130.000 bis 140.000 Österreicher vorwiegend jüdischer Herkunft wurden aus der Heimat vertrieben, nur 5500 lebten Ende 1945 in Österreich.

1 Archiv des Österreichischen Instituts für Zeitgeschichte, Wien, Nachlass NL 1–3, Do 721, Mappe 9: Renner.

Den Holocaust insgesamt reduzierte Renner überdies zumeist auf die österreichischen Verhältnisse und sprach immer wieder vom Minderheitenstatus dieser quantitativ kleinen Gruppe von ehemaligen Österreichern bei gleichzeitiger Betonung der Bedeutung der eigenen sozialdemokratischen Opfergruppe. Zwar waren über 10.000 Menschen nach dem Bürgerkrieg im Februar 1934 verhaftet, 1202 zu mehrjährigen Haftstrafen verurteilt, neun Sozialdemokraten hingerichtet und über 2000 ins Exil getrieben worden, aber diese Opferbilanz gegen Verfolgung, Vertreibung und Vernichtung der österreichischen Juden aufzurechnen blendet die tatsächlichen Dimensionen des Genozids aus.[2] Im Bereich der Entschädigungsdebatte sollte aber in der Folge immer wieder von Spitzenfunktionären der SPÖ ihr eigener Opferstatus betont werden, obwohl allein für die sozialdemokratischen Gewerkschaftsfraktionen die Quantität der Forderungen nach „Wiedergutmachung für 1934" nur einen Bruchteil des entzogenen Vermögens von Juden in der NS-Zeit ausmachte.

Bereits in dem Streit um die Rückgabe zeigt sich auch eine Konfliktzone, die jahrzehntelang immer wieder die sozialdemokratische Position in Österreich – im Unterschied zur Position der SPD in der späteren Bundesrepublik Deutschland – prägen sollte: Letztlich sahen sich die Sozialdemokraten als doppelte Opfer – verfolgt während des Dollfuß-Schuschnigg-Regimes und im Nationalsozialismus. Der Opferstatus vor 1938 wurde nach 1945 allzu häufig zur Rechtfertigung der ideologischen Akzeptanz des Dritten Reichs und der Annäherung vieler Sozialdemokraten an das NSDAP-Regime benützt, die teilweise bereits nach 1934 erfolgt war. Eine Stichprobe aus den hunderttausenden NSDAP-Erfassungsantragsformularen, auch von ehemaligen Sozialdemokraten, die wegen der Mitgliedersperre nicht als NSDAP-Mitglieder aufgenommen worden waren, genügt, um auch die jüngsten NSDAP-Sozialstrukturanalysen, die einen geringen Arbeiteranteil nachweisen, zu relativieren.[3]

Karl Renner hatte nicht nur 1938 öffentlich für den „Anschluss" gestimmt, sondern diesen später auch in einer bereits gesetzten, aber dann nicht veröffentlichten Rechtfertigungsschrift zur Annexion des Sudetenlandes und der Zerstörung der Souveränität der demokratischen Tschechoslowakei bestätigt.[4] Renners Position skizziert den Nerv jeder Restitutionsgesetzgebung, soweit sie Naturalrestitution oder auch Entschädigung für geraubtes Vermögen betrifft: Restitution bedeutet immer auch die Möglichkeit der Rückkehr und Reintegration in die Gesellschaft, aus der die Exilanten verjagt worden waren. Die Debatten auf Ebene der provisorischen Staatsregierung Renner machten in der Folge klar, dass Renners Position mehrheitsfähig war und in der Regierung und später auch im Parlament von der ÖVP und der KPÖ bei diversen Gesetzen mitgetragen wurde.[5]

Anders ist es nicht zu erklären, dass die Staatsbürgerschaft der Vertriebenen nicht automatisch wiederauflebte, sondern beantragt werden musste und überdies die physische Anwesenheit auf dem Gebiet des heutigen Österreich und permanente Wohnsitznahme voraussetzte.[6] Erst mit der Staatsbürgerschaftsgesetznovelle 1993 wurde mit Wirkung 31. Juli 1993 im § 58c StbG 1985 die Möglichkeit geschaffen, mit Hinweis auf eine Flucht vor dem 9. Mai 1945 die

2 Zu den Zahlen siehe Oliver Rathkolb: Es ist schwer jung zu sein. Jugend und Demokratie in Österreich 1918–1988. Wien: Jugend und Volk 1988, S. 52 und S. 74–78, sowie Bundesministerium für Inneres: Öffentliche Sicherheit, 4/April 1998, und insbesondere http://www.döw.at (15.12.2002) – namentliche Erfassung der österreichischen Holocaust-Opfer.

3 Entsprechende Mikrofilme befinden sich in den National Archives, College Park, Maryland. Zu den bisherigen Studien auf der Basis der akzeptierten Mitglieder der NSDAP siehe Gerhard Botz: Arbeiterschaft und österreichische NSDAP-Mitglieder (1926–1945). In: Rudolf G. Ardelt, Hans Hautmann (Hg.): Arbeiterschaft und Nationalsozialismus in Österreich. Wien: Europaverlag 1990, S. 29–48.

4 Die Gründung der Republik Deutschösterreich, der Anschluß und die Sudetendeutschen. Dokumente eines Kampfes ums Recht. Hg., eingeleitet und erläutert von Dr. Karl Renner. Seinerzeit Präsident der Friedensdelegation von Saint-Germain-en-Laye. Mit einer Einführung von Eduard Rabofsky. Wien: Globus 1990.

5 Siehe dazu im Detail Brigitte Bailer-Galanda: Die Entstehung der Rückstellungs- und Entschädigungsgesetzgebung. Die Republik Österreich und das in der NS-Zeit entzogene Vermögen. Hg. von der Historikerkommission. Wien 2002, S. 30. Im Internet: http://www.historikerkommission.gv.at/pdf/bailer.pdf (15.12.2002). Diese Studie wird 2003 beim Verlag für Geschichte und Politik in Wien erscheinen.

6 Dieter Kolonovits: Staatsbürgerschaft und Vertreibung. Österreichisches Staatsbürgerschaftsrecht und Vertreibung 1938. Rechtsfragen des Wiedererwerbs der österreichischen Staatsbürgerschaft durch Opfer des Nationalsozialismus (Vertriebene) nach österreichischem Staatsbürgerschaftsrecht. Hg. von der Historikerkommission. Wien 2002, S. 192 f. Im Internet: http://www.historikerkommission.gv.at/pdf/kolstaatsbuergerschaft.pdf (15.12.2002).

österreichische Staatsbürgerschaft wiederzuerlangen. Bis 1993 wurde vom Gesetzgeber gefordert, die inzwischen angenommene Staatsbürgerschaft des jeweiligen Exillandes aufzugeben und überdies den Wohnsitz in Österreich zu nehmen. Mit der Novelle des StbG 1998 wurde ab 1. Jänner 1999 überdies diese Option auch auf ehemalige Staatsangehörige anderer Nachfolgestaaten Österreich-Ungarns erweitert, da viele von ihnen bis 1938 in Österreich gelebt hatten.

Bis herauf in die aktuelle Diskussion, wie sie gegenwärtig über Flüchtlingsfragen geführt wird, spielen Aspekte wie Staatsbürgerschaft, aber auch Restitution (möglichst die Naturalrestitution von Eigentum) eine große Rolle. Je schneller und umfassender Restitution gewährt wird, umso wahrscheinlicher ist die Rückkehr, wenn die allgemeinen sozioökonomischen Rahmenbedingungen stimmen und Rechtssicherheit gewährt ist. Wird Restitution von Privateigentum individuellen Anspruchsberechtigten und deren Erben nur zögerlich und mit großen administrativen Problemen zugestanden, so ist daraus zu folgern, dass die Reintegrationsabsicht gegenüber den Vertriebenen weitgehend fehlt. Verstärkt wird dieser Effekt durch die Tatsache, dass meist die sozioökonomischen Verhältnisse in der ehemaligen Heimat extrem schlecht sind, sodass es eigentlich kaum mehr Remigrationsgründe gibt – ganz abgesehen von den vielfachen Traumatisierungen, die im Zuge der Verfolgung und Vertreibung zugefügt wurden, oft verursacht von Menschen aus der nächsten privaten Umgebung in Alltag und Berufsleben.

Zurück zu der Situation von 1945: Karl Renners Zielrichtung war klar: rasche Integration der ehemaligen NSDAP-Mitglieder und Konzentration auf die Wähler, die im Land geblieben waren. Während ÖVP und vor allem KPÖ die ihnen ideologisch nahe stehenden Eliten aus dem Exil zurückholten, wollten Renner und Adolf Schärf dies in der Sozialdemokratie bis auf wenige Ausnahmen wie Oscar Pollak oder Karl Czernetz verhindern, da die Exilanten meist auch in der SPÖ als „Linke" galten, auf zentraler Parteiführungsebene nunmehr aber die pragmatische Mitte den Ton angab.[7] Überdies wollten Schärf und Renner vermeiden, dass die Sozialdemokraten wieder wie vor 1933 als „Judenpartei" antisemitischen Tiraden der Nachfolger der Christlich-Sozialen ausgesetzt werden. Diese Furcht bezüglich eines Wiederauflebens des Antisemitismus als politisches Agitationsmittel sollte bereits 1945 im Wahlkampf von Leopold Kunschak, ÖVP-Mitbegründer und Erster Nationalratspräsident (1945–1953), bestätigt werden: Kunschak erklärte auf einer Kundgebung in Wien im Herbst 1945, auf der unter anderem gegen jüdische Flüchtlinge aus Polen „unter heulendem Beifall" polemisiert wurde, dass „er immer Antisemit gewesen sei und es weiterhin bleibe. In Österreich hätten weder einheimische noch fremde Juden etwas zu suchen."[8] Leopold Figl, der spätere Bundeskanzler und starke Mann der ÖVP, erklärte gegenüber den US-Behörden dazu nur „entschuldigend": „Kunschak was not an anti-Semite on racial grounds, but on economic grounds."[9] Selbst die US-Behörden gaben sich mit dieser euphemistischen Beruhigung zufrieden, weder österreichische noch alliierte Medien thematisierten diese Vorfälle, die ab 1946 weiter zunahmen.

Restitution impliziert auch Schuldanerkenntnis – vor allem seitens der Profiteure der „Arisierungen", zu denen Einzelpersonen,

7 Georg Hauptfeld, Oliver Rathkolb (Hg.): Adolf Sturmthal. Zwei Leben. Erinnerungen eines sozialistischen Internationalisten zwischen Österreich und den USA. Wien: Böhlau 1989, S. 211–218.

8 Israelitisches Wochenblatt, 7. Dezember 1945. Bezüglich der Zurückgekehrten siehe zuletzt den Sammelband Heinz Kienzl, Susanne Kirchner (Hg.): Ein neuer Frühling wird in der Heimat blühen. Wien: Deuticke 2002.

9 Vgl. dazu Oliver Rathkolb: Zur Kontinuität antisemitischer und rassistischer Vorurteile in Österreich 1945/1950. In: zeitgeschichte, 16 (1989), S.168 ff.

aber auch der deutsche Staat gehörten. Hier strebten Renner und die restliche politische Elite in Richtung einer breiten Opferdoktrin und der Unschuldsvermutung für die überwältigende Mehrheit der österreichischen Gesellschaft. Stigmatisiert und für alles Unglück verantwortlich gemacht wurden die relativ kleine „Alt-Nazi"-Gruppe (meist der „Illegalen" zwischen 1933 und 1938) und alle „Alt-Reichsdeutschen", die auch rasch 1945/1946 aus Österreich abgeschoben wurden. Die Republik Österreich beschlagnahmte und verstaatlichte wesentliche Teile des deutschen Eigentums, lehnte aber jede Form der Rechtsnachfolge nach dem Deutschen Reich ab, da diese Beschlagnahmungen als Kompensation für den Verlust der staatlichen Souveränität 1938–1945 und dessen negative Folgen angesehen wurden.

Überdies galt bis 1945 Restitution im Völkerrecht als eine Folge des Grundsatzes der Unverletzbarkeit feindlichen Privateigentums, die erstmals in staatlichen Friedens- und Waffenstillstandsverträgen nach dem Ersten Weltkrieg festgeschrieben wurde. Das bedeutete aber, dass nur der jeweilige Staat für seine betroffenen Staatsangehörigen Restitution fordern konnte, diese aber dann häufig nicht an die individuellen Opfer weiterleitete. Seit der Londoner Deklaration vom 5. Jänner 1943 hingegen bestand die Möglichkeit, nach Kriegsende auch Vertragsgeschäfte – „jede Übertragung und Veräußerung von Eigentum, Guthaben, Rechten und Anrechten, welcher Natur sie auch seien" – im Deutschen Reich und in den besetzten Gebieten, die unter Zwang oder Gewaltandrohung stattgefunden hatten, aufzuheben.

Daher versuchte der World Jewish Congress[10] seit 1943, anstelle der jeweiligen Nationalstaaten „erbloses Vermögen" von ermordeten Juden, das sonst zugunsten des Rechtsnachfolgers Hitler-Deutschlands verfallen wäre – basierend auf den überall geltenden traditionellen Rechtsgrundsätzen für erbloses Vermögen –, zu beanspruchen und an die gesamte Opfergruppe (und deren Erben) zu verteilen. Auch dies war in Österreich lange ein umstrittener Punkt, der rechtlich erst durch die Etablierung der Sammelstelle A nach dem Staatsvertrag einer konkreten Lösung im Sinne der Claims Conference zugeführt wurde (Sammelstelle B war für nichtjüdisches erbloses Vermögen vorgesehen).

Dass letztlich aber nicht erst nach vielen Jahren „Anteilsscheine" ausgegeben wurden, sondern die Restitutionsgesetze zu wirken begannen und somit vermehrt Entschädigungen gezahlt wurden, ist in Österreich fast immer – bis herauf in die Gegenwart – eine Folge externen Drucks gewesen. Bereits 1945 finden sich klare Hinweise auf diese „Zwänge", die unter Hinweis auf die „jüdische Weltverschwörung" und die „Beherrschung der US-Medien durch jüdische Lobbies" als realpolitische, aber keineswegs moralisch-ethische Faktoren dargestellt wurden.

So schrieb einer der Mitarbeiter der Völkerrechtsabteilung der Staatskanzlei, Auswärtige Angelegenheiten, bereits im August 1945 über „Die außenpolitische und völkerrechtliche Seite der Ersatzansprüche der jüdischen Naziopfer", dass „getrachtet werden sollte, bei der Behandlung der jüdischen Entschädigungsansprüche nach Tunlichkeit alles zu vermeiden, was das Judentum als solches und damit indirekt die öffentliche Weltmeinung gegen Österreich

10 Ronald Zweig: German Reparations and the Jewish World: A History of the Conference. 2. Aufl. New York: Frank Cass & Co 2001.

einnehmen könnte". Zwar „gibt es einen Judenstaat nicht. Nichtsdestoweniger spielen die Juden in der Welt eine große Rolle in der Außenpolitik, einesteils, weil ein großer Teil der Presse sich in ihren Händen befindet, durch welche sie ihren Einfluss auf die öffentliche Weltmeinung ausüben, andernteils, weil sie es verstanden haben, die Regierungen anderer Staaten zu veranlassen, sich ihrer Forderungen anzunehmen. Dies gelang umso leichter, als sich das internationale Finanzkapital weitgehend in jüdischen Händen befindet."[11] Die Realität der Medienberichterstattung allein über den Holocaust in den US-Elitemedien bestätigte selbst 1945/1946 diese Vorstellungen nicht; ganz im Gegenteil, der jüdische Anteil unter den Holocaust-Opfern wurde eher heruntergespielt oder anonymisiert.[12]

Es gibt in der Geschichte der Entschädigungen und Restitutionen nach 1945 nur ein Beispiel, bei dem die zentralen politischen Eliten ein „anderes" Zeichen gesetzt haben – nämlich 1995 anlässlich des 50. Jahrestages des Endes des Zweiten Weltkrieges, als unter dem einer großen Koalition von SPÖ und ÖVP vorstehenden sozialdemokratischen Bundeskanzler Franz Vranitzky ein freiwilliger Fonds, der Nationalfonds, gegründet wurde. Dieses sollte eindeutig als politische Stellungnahme in Richtung politischer Mitverantwortung für das Verhalten von Österreichern im Nationalsozialismus interpretiert werden.[13] Erstmals wurden im Zuge dieser Entschädigung pro Antragsteller 70.000 Schilling (5087,10 Euro) gezahlt, ohne irgendwelche Rechtsverzichte zu fordern, und überdies der Opferbegriff sukzessive auch auf andere Gruppen, die vom NS-Regime erbarmungslos verfolgt worden waren, wie Roma und Sinti, aber auch Schwule und Lesben, ausgedehnt. Die Korrespondenz war auf die Bedürfnisse und die Traumatisiertheit der Überlebenden abgestimmt. Zusätzlich wurden durch die Geschäftsführerin des Fonds, Hannah Lessing, und ihre Mitarbeiter öffentliche Diskussionen veranstaltet. Erstmals in der Geschichte der materiellen Entschädigung und Restitution in Österreich startete sie den Versuch, die Narrative und damit die Geschichtsbilder der Opfer und ihrer Kinder und Angehörigen zu thematisieren und in die gesellschaftliche Diskussion einzubinden.

1945 hingegen wurden vor dem Hintergrund der sozialen und ökonomischen Katastrophe nicht einmal mehr die Rechtsgrundsätze des Eigentumsrechts ernsthaft diskutiert, wobei viele Sozialisten und Kommunisten hinter einer Restitutionsgesetzgebung die „Rückkehr der Großkapitalisten und Großgrundbesitzer" à la Rothschild vermuteten und aus ideologischen Gründen die Verstaatlichung des geraubten Vermögens und die Bildung eines Entschädigungsfonds bis 1946 forcierten.[14] Die sowjetische Besatzungsmacht beschlagnahmte „arisiertes" Vermögen ab Februar 1946 als deutsches Eigentum und verwaltete es bis 1955. Im Unterschied zur kommunistischen Position, die in weiterer Folge in der späteren DDR[15] und allen anderen kommunistischen Staaten wirksam werden sollte, vertrat aber die SPÖ 1945 zumindest den Entschädigungsanspruch für die während des NS-Regimes beraubten Personen und deren Erben. Während die Entschädigung für Mietrechte bis zum Jahr 2001 ausblieb, stellte die SPÖ zumindest den Antrag zur Restitution von Eigentumswohnungen, die in Wien zahlenmäßig keine bedeutende Rolle spielten – hingegen sehr wohl die 60.000 Mietwohnungen

11 Österreichisches Staatsarchiv, Nachlass Norbert Bischoff; siehe auch Robert Knight (Hg.): „Ich bin dafür, die Sache in die Länge zu ziehen". Wortprotokolle der österreichischen Bundesregierung von 1945–52 über die Entschädigung der Juden. Frankfurt am Main: Athenäum 1988, S. 102 ff.

12 Peter Novick: The Holocaust in American Life. Boston, New York: Houghton Mifflin Company 1999, S. 64 f.

13 Zur langen Vorgeschichte des Nationalfonds, in die Bundeskanzler Franz Vranitzky auch den Journalisten Hugo Portisch involviert hatte, siehe Hella Pick: Guilty Victim. Austria from the Holocaust to Haider. London, New York: I. B. Tauris & Co. 2000, S. 197–199. Zum Nationalfonds selbst und der Entwicklung eines breiten Opferbegriffes siehe http://www.nationalfonds.org/nf/deutsch/aufgBeschreibung.htm (15.12.2002).

14 Siehe Bailer-Galanda: Die Entstehung der Rückstellungs- und Entschädigungsgesetzgebung, a. a. O., S. 30.

15 Siehe dazu Shlomo Shafir: Ambiguous Relations. The American Jewish Community and Germany since 1945. Detroit: Wayne State University Press 1999, S. 319–340.

(darunter 2000 Gemeindewohnungen), die von Juden bewohnt worden waren.[16]

Wie groß die Vermögensverluste waren, wussten Experten relativ rasch aufgrund der erhalten gebliebenen Akten und Statistiken der NS-Liquidierungsstelle, der „Vermögensverkehrsstelle". Die NS-Bürokratie hatte auf der Basis der Anmeldung von Vermögen über 5000 Reichsmark bereits 1939 eine umfassende Übersicht bezüglich des jüdischen Vermögens in Österreich im „Völkischen Beobachter" veröffentlicht (auf der Basis von 47.768 Vermögensanmeldungen, davon 43.495 in Wien, 2131 in Niederösterreich und dem Burgenland, 718 in der Steiermark, 443 in Oberösterreich, 177 in Tirol/Vorarlberg, 119 in Salzburg, 114 in Kärnten und 571 im Ausland).[17]

Erst 1999 ist es mittels statistischer Methoden gelungen, den materiellen Wert dieser Forderungen exakter zu bestimmen. Im Juni 1953 bezifferte das Executive Committee for Jewish Claims on Austria den Wert der direkten Verluste mit 3000 Millionen Reichsmark für das Jahr 1938 (= 1,2 Milliarden US-Dollar).[18] Dabei wurden weder die Verminderung der Erwerbsfähigkeit der Vertriebenen noch die Vergütung für die Zwangsarbeit in den Konzentrationslagern berücksichtigt. Die Ökonomin Helen Junz hat im Auftrag des Paul Volcker-Komitees eine statistische Neuerhebung des Vermögens von Juden in Österreich, den Niederlanden, dem Deutschen Reich, Ungarn, Frankreich und Polen durchgeführt und ist für das Österreich des Jahres 1938 auf einen Wert von 2,6 bis 2,9 Milliarden Reichsmark gekommen.[19]

Wenn auch Restitution meist keine vollständige materielle Entschädigung leisten kann, so ist doch immerhin die historische Bewusstseinsbildung, die die Diskussion über diese Verluste und die Form der Restitutionsverfahren bewirkt, von zentraler gesellschaftlicher Bedeutung. Genau diesen Aspekt betont der US-amerikanische Kulturhistoriker Elazar Barkan in seiner Bewertung sämtlicher Restitutionsdebatten der letzten fünfzig Jahre – ausgehend von den Entschädigungen der Bundesrepublik Deutschland an den Staat Israel und die Jewish Claims Conference bis zu den aktuellen Diskussionen in den USA über Sklaverei und Entschädigung durch US-Firmen und die US-Regierung.[20] Die Diskussion über die Restitution sei für die jeweiligen Gesellschaften letztlich wichtiger als die materiellen Werte, die bezahlt werden. Historisches Unrecht könne durch Restitution und materielle Entschädigung nicht „wieder gutgemacht" werden. Gespräche zwischen Repräsentanten der ehemaligen Tätergruppen (selbst wenn sie als ebenfalls Verfolgte nur den mittlerweile beseitigten Unrechtsstaat repräsentieren) und Opfergruppen (häufig bereits die zweite Generation oder die Überlebenden im Exil) bedeuten jedoch eine langfristige Aufwertung Letzterer sowie eine positive Akzeptanz des Minderheitenstatus und eine gesellschaftliche Neubewertung der gemeinsamen Geschichte. Dies zeigt sich vor allem in den postkolonialen Debatten – so beispielsweise hinsichtlich der Aborigines in Australien.

In diesem Sinne lässt sich die Restitution nach 1945 gegenüber den individuellen jüdischen Opfern oder jüdischen NGOs durchaus als Fortführung aufklärerischer Ideen interpretieren, da in diesem Prozess die Minderheitenrechte und die individuellen Rechte ge-

16 Vgl. dazu Brigitte Bailer-Galanda, Eva Blimlinger, Susanne Kowarc: Der Entzug von Mietrechten. Arisierung und Rückstellung von Wohnungen in Wien. Wien 2001. Im Internet: http://www.historikerkommission.gv.at/rtf/d_entzug.rtf (15.12.2002).

17 Österreichisches Institut für Zeitgeschichte Wien, Nachlass Albert Loewy, Karton Wiedergutmachung, Überblick der materiellen Verluste der Juden in Österreich, 25. Juni 1953, S. 3.

18 Zitiert nach Knight: „Ich bin dafür, die Sache in die Länge zu ziehen", a. a. O., S. 414.

19 Helen B. Junz: Where did all the money go? Pre-Nazi Era Wealth of European Jewry. Bern: Staempfli Publishers 2002, S. 129.

20 Elazar Barkan: The Guilt of Nations. Restitution and Negotiating Historical Injustices. New York, London: W. W. Norton & Company 2000, S. 308 ff.

stärkt wurden. Hierbei ist aber anzumerken, dass die Diskussion über den Holocaust nicht unmittelbar in der Restitutionsphase erfolgte, sondern zeitverzögert erst langsam wirksam wurde. In Deutschland bewies zumindest Adenauer politische Weitsicht, die aber selbst in den Unionsparteien – die CSU enthielt sich in der entscheidenden Bundestagsabstimmung über die Verträge und Leistungen an den Staat Israel und die Jewish Claims Conference der Stimme – nicht unumstritten war. Die gesellschaftliche Debatte in der Bundesrepublik Deutschland war insgesamt eher von Unverständnis geprägt,[21] das politische Interesse an der Westintegration schloss zwar die Deklaration politischer Verantwortung für den Holocaust ein, doch wird diese heute in Wahlkämpfen immer wieder in Zweifel gezogen.

Die Verbindung zwischen der Beachtung individueller Menschenrechte und der erneuten Restitutionsdebatte nach 1990 und vor allem nach 1995 ist evident. Deshalb wurden auch in den USA Ende der 70er Jahre durch die Carter-Administration Menschenrechtsfragen bezüglich der NS-Vergangenheit neu gestellt – vorerst im Bereich der institutionalisierten historischen Erinnerung (Beschluss zur Errichtung des Holocaust Memorial Museum in Washington, D. C.) und hinsichtlich der Frage nach ehemaligen deutschen NS-Kriegsverbrechern in den USA. Mit der üblichen Zeitverzögerung sind diese Debatten auch in Europa geführt worden, so in Frankreich über Kriegsverbrecher und in Österreich über die geschönte bis verdrängte Kriegsvergangenheit des ehemaligen UN-Generalsekretärs Kurt Waldheim (mit diversen „Vorgeplänkeln“ über Kunstraub – „Sammlung Mauerbach“ – oder den Empfang des entlassenen Kriegsverbrechers Walter Reder durch den damaligen FPÖ-Verteidigungsminister Friedhelm Frischenschlager 1985).

Bemerkenswert ist, dass in Österreich diese Debatte durchwegs in den engen Grenzen der nationalen Geschichte verhaftet bleibt, die internationale breite Entwicklung zu einem globalen Menschenrechtsbewusstsein hingegen völlig ignoriert wird. Daher wird jeder Versuch – zuletzt im Rahmen der so genannten Sanktionen der EU-14 gegen die ÖVP-FPÖ-Koalition im Jahre 2000 –, internationale Debatten sowie entsprechende Standards auf österreichische historische Themen anzulegen, als „unerlaubte“ Beeinflussung von außen im kollektiven Gedächtnis der Österreicher verankert. Zeitverschoben – und dies zeigte sich zuletzt bei der raschen Umsetzung eines Zwangsarbeiterentschädigungsgesetzes („Versöhnungsfondsgesetz 2000“, BGBl. Nr. 74/2000) sowie bei dem Abkommen zwischen der Regierung der USA und der österreichischen Bundesregierung über den österreichischen Fonds „Versöhnung, Frieden und Zusammenarbeit“ wie auch einer weiteren bilateralen Vereinbarung mit den USA zur Entschädigungslösung offener Fragen aus dem Bereich der Holocaust Era Assets – begibt man sich hingegen sehr gerne wieder in die Rolle des „Vorzugsschülers“, der genau diesen internationalen Standards entspricht.

Weder ÖVP noch SPÖ wagten es, im Wahlkampf 1999 Restitutionsfragen anzusprechen, einigten sich dann aber während der Koalitionsverhandlungen im Dezember 1999 auf eine Verhandlungsinitiative um die Person der ehemaligen ÖVP-Politikerin und Präsidentin der Oesterreichischen Nationalbank Maria Schaumayer.[22] Noch immer galt 1999 das eherne Gesetz der Zweiten Republik, dass

21 Im Detail auch bezüglich der Situation in Österreich siehe David Forster: „Wiedergutmachung“ in Österreich und der BRD im Vergleich. Innsbruck, Wien, München, Bozen: Studienverlag 2001. Siehe auch im Vergleich zwischen der deutschen und österreichischen Situation Constantin Goschler, Jürgen Lillteicher (Hg.): „Arisierung“ und Restitution. Die Rückerstattung jüdischen Eigentums in Deutschland und Österreich nach 1945 und 1989. Göttingen: Wallstein 2002.

22 Frau Dr. Schaumayer wurde von ÖVP-Vizekanzler Wolfgang Schüssel vorgeschlagen und von Bundeskanzler Viktor Klima akzeptiert (Mitteilung von Viktor Klima an den Verfasser).

mit Restitutionsfragen Wähler verschreckt werden. Die FPÖ – nicht nur Jörg Haider hatte immer wieder gegen jede weitere Entschädigung polemisiert – stimmte diesen Regelungen in der ÖVP-FPÖ-Koalition rasch zu, wohl auch um ein politisches Signal zu setzen, da die Vorwürfe in Richtung „Nazipartei" die internationalen Medien und die öffentlichen Debatten beherrscht hatten. Die FPÖ fand rasch ein Mittel, um der klassischen FPÖ-Wählerklientel weiterhin ideologische Treue zu signalisieren. Auf Initiative der FPÖ – dabei rasch und engagiert unterstützt von der ÖVP – wurde als „psychischer Ausgleich" die bereits im Regierungsprogramm angekündigte Entschädigung für rund 24.000 ehemalige österreichische Kriegsgefangene im mittel- und osteuropäischen Raum per 1. Jänner 2001 umgesetzt (mit geschätzten Gesamtkosten von 86 Millionen Schilling = circa 6,25 Millionen Euro) und mit Ministerratsbeschluss vom 11. Dezember 2001 auf alle anderen 52.000 noch lebenden Kriegsgefangenen und auf zivil internierte Österreicher ausgedehnt.[23] Je nach Haftdauer beträgt die monatliche und steuerfreie Entschädigung zwölfmal jährlich zwischen 14,53 und 36,34 Euro. Inwieweit die gesetzlich vorgeschriebene genaue Prüfung durchgeführt wird, ob es sich bei den ehemaligen Kriegsgefangenen um ehemalige NSDAP-Mitglieder, SS-Mitglieder oder andere Angehörige von Österreich-feindlichen Institutionen und Organisationen handelt – dann besteht kein Anspruch –, bleibe dahingestellt.

Es ist ganz offensichtlich – und die parlamentarischen Unterlagen sind in dieser Hinsicht eindeutig –, dass vor allem die FPÖ, aber durch ihre Zustimmung auch die ÖVP und in weiterer Folge sogar die SPÖ aus Furcht vor Wählerverlusten unter den Pensionisten eine negative Signalwirkung durch eine einseitige Maßnahme verhindern wollten und daher zum „Ausgleich" auch die ehemaligen Kriegsgefangenen belohnten. Diese waren nach 1945 rasch als willkommene „Heimkehrer" im Unterschied zu den „ungeliebten" Emigranten in die österreichische Nachkriegsgesellschaft reintegriert worden – mit den damaligen Möglichkeiten sozialstaatlicher Unterstützung.

Da jede Entschädigungszahlung nach allgemeinem Rechtsverständnis immer auch ein Eingeständnis von Schuld (oder im Falle der zweiten und dritten Generation der politischen Mitverantwortung) impliziert, haben nach wie vor viele Österreicher Probleme mit den jüngsten Entschädigungsmaßnahmen – trotz relativ hoher genereller Zustimmungsraten für diese Maßnahmen bei Meinungsumfragen. In diese Kerbe schlägt Jörg Haider, indem er – falls er überhaupt zu „Restitutionsforderungen" Stellung bezieht – in diesem Zusammenhang sofort „eigene" Forderungen aufstellt. Paradigmatisch dazu seine Aussage in der „ZiB 2" des ORF am 9. September 1998:

„Haider: Na ja, es ist einfach ein Problem, wo ich sage, man muss jetzt mal klären, misst man hier mit zweierlei Maß? Wenn jüdische Emigranten Forderungen stellen, dann ist sozusagen die Wiedergutmachung endlos. Wenn Sudetendeutsche dasselbe von der österreichischen Regierung verlangen, dass sie gegenüber den tschechischen Behörden ihre Wiedergutmachungsforderungen durchsetzen sollen, dann wird gesagt, irgendwann muss einmal ein Schlussstrich unter die Geschichte gezogen werden. [...] Man kann nicht Gleiches ungleich behandeln.

ORF: Ist das tatsächlich Gleiches Ihrer Meinung nach?

23 Dazu http://www.ab5zig.at/information/pension/pens.kriegsgefangene.htm (15.12.2002).

Haider: [...] Und da möchte ich nicht beurteilen, was schlimmer gewesen ist [...].

ORF: Noch einmal, zu diesem Ausgangspunkt von Ihnen. Sie stellen gleich die Sudetendeutschen und das Unrecht, das an Juden geschehen ist?

Haider: Selbstverständlich, weil ich mich wehre, dass man Menschenrechtsverletzungen auch einmal quantifiziert. Nach 53 Jahren werden noch Rückstellungsanträge eingebracht und Entschädigungen gefordert. Herrn Simon Wiesenthal räumt man das Recht ein, einen Ausländer für eine Kommission zu nominieren, der Vorsitzende selbst, Clemens Jabloner, sagt im ‚Profil' Nr. 41, dass er aus einer jüdischen Familie stammt und Mitglied der Israelitischen Kultusgemeinde ist. Hier endet einfach die Glaubwürdigkeit in diese ‚unabhängige' Kommission, da, und dies sei sachlich festgestellt, die in Österreich lebende jüdische Bevölkerung in höchsten staatlichen und privaten Stellen und in Banken ungewöhnlich stark präsent ist. Darüber zu sprechen, fällt unter ‚Rassismus', und schon ist man eingeschüchtert."

Vor dem Hintergrund derartiger verzerrender Stellungnahmen, die durchaus öffentliche und private Akzeptanz und Bestätigung fanden und finden, scheint die These Barkans, dass Verhandlungen über Restitution Diskurse über eine gemeinsame Geschichte und über vergangenes Unrecht in Gang setzen, nicht unbedingt auf Österreich zuzutreffen. Auch im Falle der Bundesrepublik Deutschland und vor allem seit 1989/1990, seit der Einigung, sprechen viele Historiker von zwei historischen Narrativen über den Holocaust und den Zweiten Weltkrieg, dem jüdischen Narrativ mit dem Holocaust im Zentrum und dem deutschen Narrativ mit dem Zweiten Weltkrieg als Mittelpunkt.[24] Im Falle Österreichs ist dies noch komplizierter, weil sich bis in die 1990er Jahre hinein sowohl die Eliten als auch die Gesellschaft im Allgemeinen nicht als aktiver Teil der deutschen Weltkriegsgeschichte empfanden, sondern als Opfer.

Erst seit den Erklärungen von Bundeskanzler Franz Vranitzky im Parlament im Juli 1991 und anschließend in Israel 1993 sowie der bestätigenden Rede von Bundespräsident Thomas Klestil im November 1994 vor der Knesset bröckelte auch im öffentlichen Diskurs die Opferthese ab,[25] um aber fallweise doch noch aufzutauchen – so in einem Interview von Bundeskanzler Wolfgang Schüssel mit der „Jerusalem Post" im Jahre 2000, das dieser aber letztlich doch nicht in Richtung einer Restauration der Opferthese interpretiert sehen wollte.[26] Früheren Erklärungen Kurt Waldheims als Bundespräsident – beispielsweise 1988 und vor allem 1990 – wurde weder international noch national Glaubwürdigkeit zugestanden, obwohl sie den Formulierungen Vranitzkys nahe kamen. Vor dem Hintergrund der Waldheimschen biographischen und wahlkämpferischen „Auslassungen" zur Geschichte des Nationalsozialismus, des Zweiten Weltkriegs und des Holocaust, mit denen sich auch die internationale Historikerkommission[27] befasst hatte, konnte sich eine reine „Anlass"-Rhetorik nicht durchsetzen. Derzeit ist noch nicht abschätzbar, inwieweit die Debatten über die Integration der Vertriebenen des Zweiten Weltkrieges, d. h. auch der Volksdeutschen und Sudetendeutschen, in die breiten Diskussionen um Menschenrechte und Menschenrechtsverletzungen einfließen, ob sie in Richtung

24 Vgl. dazu zuletzt Constantin Goschler: Rezension von: Elazar Barkan: The Guilt of Nations. Restitution and Negotiating Historical Injustices, Baltimore: Johns Hopkins University Press 2001. In: sehepunkte, 2 (2002), Nr. 9. Im Internet: http://www.sehepunkte.historicum.net/2002/09/0801868076.html (15.9.2002).

25 Vgl. dazu Heidemarie Uhl: Das „erste" Opfer. Der österreichische Opfermythos und seine Transformation in der 2. Republik. In: Österreichische Zeitschrift für Politikwissenschaft, 1/2001, S. 19–34.

26 Ebd.

27 Vgl. dazu Der Bericht der internationalen Historikerkommission. In: Profil, 7/15. Februar 1988.

der Haiderschen Aufrechnungspolitik führen und wie sie die Akzeptanz unterschiedlicher Narrative beeinflussen werden.[28] Grundsätzlich scheint aber die widerwillige und aufrechnende Haltung der Nachkriegszeit zur Restitutionsfrage in Österreich allmählich zu Ende zu gehen. Einen wichtigen Beitrag dazu leisten – im Gegensatz zur oben erwähnten Agitation Jörg Haiders – mit ihrer umfassenden historischen Arbeit die zahlreichen Mitarbeiter der Historikerkommission[29], die die gesellschaftliche Realität der juristischen und administrativen Auseinandersetzung über Restitution und Entschädigung in zahlreichen Details und empirischen Untersuchungen erschlossen haben.[30]

Inwieweit diese Ergebnisse auch zu einer Änderung der kollektiven Vorstellungen über „Arisierung" und Restitution/Entschädigung beitragen – im Sinne von Barkans „Negotiating History" –, bleibt aber abzuwarten. Wichtig wäre dabei vor allem, dass Medien und Schulbuchautoren rasch auf die umfassenden Forschungsergebnisse reagieren.

Brigitte Bailer-Galanda hat zuletzt die parteipolitischen und alliierten Entscheidungsprozesse im Zusammenhang mit der Restitutionsgesetzgebung seit 1945 umfassend analysiert und dargestellt.[31] Dabei wird klar, dass dieser Prozess keineswegs vom gesellschaftlichen Mainstream in Österreich freiwillig getragen wurde. Spätestens mit der Etablierung des Verbands der Unabhängigen 1949 ergab sich massive Kritik an der gesamten Restitutionsgesetzgebung, die die Parteienkoalition ÖVP-SPÖ-KPÖ (Letztere nur bis 1947) vor allem auf westalliierten Druck umgesetzt hatte.

Zwar reagierte die provisorische Staatsregierung Renner schon 1945 mit einem „Gesetz über die Erfassung arisierter und anderer im Zusammenhang mit der nationalsozialistischen Machtübernahme entzogener Vermögenschaften", aber erst 1946 begann die eigentliche Restitutionsgesetzgebung mit dem „Nichtigkeitsgesetz" und dem ersten Rückstellungsgesetz sowie sechs nachfolgenden Rückstellungsgesetzen bis 1949.

Die Rückstellung von Vermögenswerten aus der öffentlichen Hand (Bundesstaat bzw. Landesregierungen) funktionierte höchst bürokratisch und schleppend, aber sie funktionierte, soweit Vermögen noch vorhanden war. Vermögenswerte, die liquidiert oder vor 1945 auf das Gebiet des „alten" Deutschen Reiches in den Grenzen vor 1937 oder die besetzten Gebiete außerhalb Österreichs gebracht worden waren, blieben entschädigungslos. Der Verweis auf Restitution durch die deutschen Wiedergutmachungsämter in den Westzonen Deutschlands war ebenfalls höchst zeit- und kostenintensiv und nur in wenigen Fällen – meist bei größeren Vermögen – erfolgversprechend.

Ein zentrales Problem bis herauf in die Gegenwart ist der rechtspolitische Ansatz der Nachkriegszeit, da der Legalitätsüberbau des NS-Regimes gerade darin bestand, dem Raub den Anschein der Gesetzmäßigkeit zu geben, was nach 1945 die Restitution entsprechend erschwerte, da mit den Mitteln des Rechtsstaates und mit großem finanziellem und zeitlichem Aufwand ein getarnter rechtlicher Enteignungsprozess, der aber politisch betrachtet rassistisch motivierter Raub war, rückabgewickelt werden musste (ohne Be-

28 Vgl. dazu zuletzt Barbara Coudenhove-Kalergi, Oliver Rathkolb (Hg.): Beneš-Dekrete. Wien: Czernin 2002.

29 Zu den Historikerkommissionen im internationalen und nationalen Bereich siehe zuletzt Beiträge in Oliver Rathkolb (Hg.): Revisiting the National Socialist Legacy. Coming to Terms with Forced Labor, Expropriation, Compensation, and Restitution. Innsbruck, Wien, München, Bozen: Studienverlag 2002.

30 http://www.historikerkommission.gv.at (15.12.2002).

31 Siehe Brigitte Bailer-Galanda: Die Entstehung der Rückstellungs- und Entschädigungsgesetzgebung, a. a. O.

weislastumkehr!). Einige der legistischen Maßnahmen des NS-Regimes seien in der Folge erwähnt.

Eine eigene Finanzbehörde, die Devisenstelle, traf auf dem Gebiet des heutigen Österreich Anordnungen hinsichtlich der Entrichtung von diskriminierenden Steuern wie der „Reichsfluchtsteuer" (25 Prozent) oder (nach dem Novemberpogrom 1938) der „Judenvermögensabgabe" (20 Prozent, später 25 Prozent) zugunsten des NS-Regimes oder konnte überdies Überweisungen für angebliche Steuerschulden von diesen Konten anordnen. Der verbleibende Rest auf diesen Konten wurde genützt, um die Auswanderungskosten zu decken (echte und unechte Kosten), sodass meist nur eine sehr geringe Summe den jüdischen Eigentümern unmittelbar zugute kam. Für die Beschaffung ausländischer Devisen beispielsweise wurde wiederum ein Disagio für das „Reich" abgezogen, das bis zu 70 Prozent betragen konnte.

Voraussetzung, um die Chance einer frühzeitigen Emigration zu erhalten, war, dass die betreffenden jüdischen Bürger ihr Gesamtvermögen einem eigens hiefür bestellten Treuhänder zur Verwertung (entweder Liquidation oder „Arisierung") übertrugen, wohingegen dieser im Gegenzug die Verpflichtung übernahm, alle auflaufenden Verpflichtungen des Auswanderers aus den Vermögenserlösen zu entrichten.

Eine andere Form der „Verwaltung" von Vermögen von Juden fand im Zuge der Durchführung der „Endlösung der Judenfrage" seit 1941 statt. Von diesem Zeitpunkt an wurden auf der Grundlage der 11. Durchführungsverordnung zum „Reichsbürgergesetz" (Nürnberger Gesetze) – bereits ab Ende 1940 bzw. Frühjahr 1941 – in großem Stil Beschlagnahmeverfahren gegen das Vermögen jüdischer Bürger eingeleitet, wobei die Deportation in die NS-Vernichtungslager als Beschlagnahmegrund impliziert war. Ziel dieser Kampagne war es, das gesamte zu diesem Zeitpunkt noch vorhandene jüdische Vermögen einzuziehen und, sofern es sich nicht um Kapitalvermögen handelte, zu verwerten und den Erlös zugunsten des Deutschen Reiches zu vereinnahmen.

Um den Verwaltungsapparat der regional zuständigen Oberfinanzpräsidenten (OFP) – zunächst der OFP Berlin-Brandenburg, seit November 1942 die örtlich zuständigen Behörden – zu entlasten, übernahmen in den meisten Fällen einige wenige Anwaltskanzleien die Aufgabe der Erfassung und Verwertung dieser Vermögenschaften. In Österreich traten dabei nach den vorliegenden Quellen insbesondere die Kanzleien Dr. Stephan von Lehner, über dessen Kanzlei allein über 800 Fälle im Auftrag des OFP Wien bzw. des Auswanderungsfonds für Böhmen und Mähren abgewickelt wurden, und Dr. Friedrich Zabransky auf. Aber bereits unmittelbar nach 1938 hatten sich manche Anwälte mit guten Kontakten zu Gestapo und NSDAP exklusive „Vertretungsansprüche" als „Treuhänder" mit hohen Provisionsgewinnen gesichert – wie z. B. Dr. Heinrich Gallop und sein Mitarbeiter Dr. Erich Rajakowitsch. Sie entwickelten das Modell einer „Hilfsaktion", um durch Ausbeutung und Enteignung vermögender Juden (zehn Prozent ihres Vermögens) die „Auswanderung" armer Juden zu finanzieren. Dieses Konzept mündete in der „Auswanderungshilfsaktion Gildemeester"[32].

32 Frank van Gheel Gildemeester hatte durch seine Hilfe für 1933–1938 inhaftierte Nationalsozialisten nach 1938 beim NSDAP-Regime so starken Einfluss gewonnen, dass er durch die nach ihm benannte Gildemeester-Aktion die Auswanderung von Juden beschleunigte. Zehn Prozent des Vermögens von auswanderungswilligen reichen Juden wurden in einem Ausreisefonds für arme Juden eingebracht. Angeblich wanderten im Rahmen dieser Aktion 30.000 rassistisch Verfolgte aus. 2003 wird ein Forschungsbericht von Theodor Venus zu dieser Frage von der Historikerkommission der Republik Österreich im Internet veröffentlicht, der in weiterer Folge auch als Buch erscheinen soll (http://www.historikerkommission.gv.at).

Nach 1945 entwickelten sich im Zusammenhang mit dem NS-Raub zwei unterschiedliche Narrative über die Durchführung der Restitution, die in der zweiten Generation noch stärker divergierten. Die Opfer des NS-Regimes und deren Erben waren mit einer extrem bürokratischen Restitutionsdurchführung konfrontiert und mit dem Problem, dass häufig Naturalrestitution nicht gewährt wurde bzw. wegen Liquidation des Vermögens nicht gewährt werden konnte und es zu Restitutionsvergleichen kam (es gab keine Beweislastumkehr zum Nachteil des Erwerbers von „arisiertem" Eigentum!). Für Liquidationen wurde ebenso wenig Entschädigung gewährt wie für den Verlust von Mietrechten (Letzteres erst ab 2001!). Bankguthaben, Wertpapierdepots wurden erst in den 1960er Jahren pauschal entschädigt. Im Sozialversicherungsbereich zogen sich die Verhandlungen letztlich bis 2002!

Eliten, Bürokratie und Mehrheitsgesellschaft hingegen verwiesen immer wieder im Falle von meist internationaler Kritik – vor allem aus den USA – auf die Restitutionsgesetze, die Opferfürsorge und den Abgeltungsfonds sowie die Sammelstellen, ohne von sich aus kritisch diese Maßnahmen auf ihre Wirksamkeit zu hinterfragen – sowohl was den materiellen Bereich als auch die Geschichtsdarstellung betraf.

Für Historiker ist in konkreten Einzelfällen im zentralen Bestand der Restitutionsverfahren beim Landesgericht für Zivilrechtsverfahren in Wien das Restitutionsverfahren nicht leicht bzw. in manchen Fällen überhaupt nicht mehr nachvollziehbar. Die Justizstatistik dokumentiert zumindest den Umfang der Restitutionsverfahren beim Landesgericht für Zivilrechtssachen in Wien: Bis 31. Dezember 1955 wurden insgesamt 25.315 Fälle zu den unterschiedlichsten Kategorien anhängig gemacht – gerade auch zu entzogenen Liegenschaften, Immobilien und Unternehmen, ohne aber eine genaue Verteilung in Prozenten angeben zu können: 9059 Fälle endeten mit Vergleich, in 5515 Fällen wurde den Anträgen zur Gänze entsprochen, 4540 Anträge wurden zurückgezogen, 1013 an andere Gerichte bzw. Behörden abgetreten und 1578 wegen Unzuständigkeit etc. abgewiesen.[33]

Dieser Aktenbestand wurde aber zur Amtszeit von Justizminister Harald Ofner (FPÖ) – vermutlich zur Jahreswende 1985/1986 – vom Depot im Justizpalast zur Skartierung und Vernichtung ausgelagert. Diese Vernichtung hätte selbst nach Genehmigung durch den Oberlandesgerichtspräsidenten nicht stattfinden dürfen, da es sich – laut dem Leitfaden zur GEO (Geschäftsordnung), §§ 173 ff. – um Akten handelte, die sowohl von geschichtlichem, wissenschaftlichem als auch politischem Interesse waren und daher dem Wiener Stadt- und Landesarchiv hätten angeboten werden müssen.[34]

Offensichtlich wollte 1985/86 niemand mehr Spuren von „Negotiating History", die auch die Schuld in Einzelfällen klar dokumentierten, der Nachwelt überliefern. Die Spuren der „Arisierung" hingegen, die Akten der NS-Vermögensverkehrsstelle, blieben erhalten. Dadurch wird auch ein rezenter Trend in der populärwissenschaftlichen Geschichtsschreibung unterstützt, die „Arisierungen" zu dokumentieren, die Restitutionsverfahren hingegen meist auszuklammern oder nur vage zu interpretieren.[35] Spätestens mit der Veröffentlichung und Medialisierung der Arbeiten der Historikerkom-

33 Österreichisches Statistisches Zentralamt (Hg.): Statistisches Handbuch für die Republik Österreich. Wien 1956, S. 236.

34 Kopie des Leitfadens zur GEO, §§ 173 ff., zur Verfügung gestellt von der Leitenden Staatsanwältin und Leiterin der Abteilung III, 3 im Bundesministerium für Justiz, Constanze Kren, sowie mündliche Mitteilung von Univ.-Prof. Dr. Murray Hall, der die Vernichtungsaktion zufällig entdeckte und gemeinsam mit anderen Historikern stoppte, doch waren die meisten Akten aus 1947 bis 1955 bereits vernichtet.

35 Deutlich wird das in dem Buch Tina Walzer, Stephan Templ: Unser Wien. „Arisierung auf österreichisch". Berlin: Aufbau 2001, das ein Bestseller wurde, aber die Restitutionsgeschichte nicht integrierte; überdies ist auch die Darstellung mancher „Arisierungs"-Fälle fehlerhaft.

mission der Republik Österreich sollte aber diese Form der „halben" und PR-orientierten Geschichtsschreibung vorbei sein. So wichtig die Thematisierung und Problematisierung der „Arisierung" auch ist, die Nachkriegsgeschichte kann und soll nicht ausgeklammert bleiben, da häufig „Arisierungen" verlängert und zumindest teilweise in der Zweiten Republik sanktioniert und akzeptiert werden. Der gesamte Umfang des Raubes und der historischen Auseinandersetzung wird erst in der Nachkriegszeit deutlich, unter Einbeziehung von Rückstellungen und Entschädigungen.

In diesem Sinne stellt sich die Frage, ob es zu einem gemeinsamen Narrativ über den Holocaust und die Folgen kommen wird, wie dies Daniel Levy und Natan Sznaider nach der Stockholmer Holocaust-Konferenz im Jänner 2000 prognostizierten.[36] Die aktuellen, auf der „Arisierung" exklusiv fokussierten Darstellungen signalisieren eigentlich einen anderen Trend. Es ist tatsächlich zu wenig, nur – wie besonders häufig medial geübt – um Verzeihung für vergangenes Unrecht zu bitten, es muss auch konkrete Konsequenzen für die Gegenwart haben. Materielle Folgen sind nur ein Teil der gesamten Auseinandersetzung mit dem Unrecht. In der langen Phase der österreichischen Restitutions- und Entschädigungspolitik versuchte die breite Öffentlichkeit, aber auch die jeweilige Politelite jede einzelne gesetzliche Regelung als Schlussstrich zu interpretieren, nach dem keine öffentliche Diskussion mehr nötig sei.

Erst seit 1995 gibt es einige positive Anzeichen, dass die Diskussion über das materielle NS-Erbe und die Zwangsarbeiterentschädigung den gesellschaftlichen kollektiven Gedächtnisraum stärker beeinflusst haben, als es in den vorangegangenen Jahrzehnten der Fall war. Aus diesem Grund ist auch die Diskussion über Restitution und Entschädigung von Vermögensentzug während der NS-Zeit in den letzten Jahren wieder aufgelebt. Hätte es hingegen eine „gemeinsame" gesellschaftspolitische Geschichte über „Raub" und „Restitution" nach 1945 gegeben – mit entsprechend materieller und politischer Würdigung aller Opfergruppen und Vermögensverluste –, dann hätte die Debatte zwar kein Ende gefunden, aber einen ganz anderen Verlauf nehmen können.

36 Daniel Levy, Natan Sznaider: Erinnerung im globalen Zeitalter: der Holocaust. Frankfurt am Main: Suhrkamp 2001, S. 235–242.

Heidemarie Uhl

Berggasse 19

Lesarten eines vielschichtigen Gedächtnisortes

20 Maresfield Gardens / Berggasse 19 – zwei „heilige Orte" des Freud-Gedächtnisses

Betritt der Besucher, die Besucherin den Dining Room des Freud Museum in 20 Maresfield Gardens im Londoner Stadtteil Hampstead, so findet sich hier neben dem Mobiliar aus dem Besitz der Familie Freud eine Installation von Schwarz-Weiß-Fotografien,[1] die aus dem musealen Konzept der Konservierung eines authentischen Gedächtnisortes herausfällt. Es handelt sich um die Reproduktionen von fünf Fotografien von Edmund Engelman, aufgenommen im Mai 1938. Gruppiert um ein Porträt von Sigmund Freud, zeigen zwei Aufnahmen die Praxisräume in der Wiener Berggasse 19, vorangestellt sind zwei unmittelbar vor dem Wohnhaus aufgenommene Bilder: Das mit einer Hakenkreuzfahne versehene Haustor, der verstohlene Blickwinkel in die Straßenflucht der Berggasse – beide verleihen der dokumentarischen Rhetorik von Engelmans Aufnahmen der Ordinationsräume, ein visueller Fixpunkt des Freud-Gedächtnisses, jene Dimension der Bedrohtheit, die ihrem Entstehungszusammenhang entspricht.[2]

Zugleich wird mit diesen fotografischen Dokumenten jener örtliche Bezugspunkt kenntlich, vor dem das Museum seine *story line* entfaltet: der „birthplace of psychoanalysis" in der Berggasse 19 im 9. Wiener Gemeindebezirk und seine symbolische Transferierung nach London, jener Stadt, die Freud Zuflucht vor der Verfolgung durch die Nationalsozialisten bot und ihm die Fortsetzung seiner Arbeit ermöglichte. Im Gedächtnisnarrativ des Londoner Freud Museum verbindet sich das nationale Selbstbild eines Aufnahmelandes für die vom NS-Regime verfolgten kontinentaleuropäischen Flüchtlinge mit der Gedenkstätte für eine der Ikonen des 20. Jahrhunderts: „Sigmund Freud (1856–1939), the founder of psychoanalysis, left Austria in 1938 to escape from the Nazi occupation. He was able to rescue his collection of antiquities and his library, and worked and died in peace at 20 Maresfield Gardens, London, which is now the Freud Museum" – die Kürzestfassung des Selbstverständnisses dieses Gedächtnisortes findet sich auf jedem *paper bag* des Museumsshops. Besonderes Gewicht kommt in allen Selbstdarstellungen der Authentizität der hier befindlichen Einrichtungsgegenstände zu: „The Freud's were fortunate to be able to bring all their furniture and household effects to London",[3] wird auf der Website des Museums hervorgehoben; „here his son Ernst and housekeeper Paula Fichtl recreated for him the same working environment as in Vienna."[4] In der vertrauten Umgebung seines Mobiliars, seiner Bücher und Kunstsammlung konnte Freud, wie der Museumsfolder festhält, „Den Mann Moses" fertig stellen und seine letzte, unvollendete Arbeit „Abriß der Psychoanalyse" beginnen. Der Schlusssatz des Foldertextes, gewissermaßen das *mission statement* des Freud Museum, verortet 20 Maresfield Gardens, das Haus, in dem

1 Ein Erläuterungstext erklärt den Entstehungshintergrund dieser fotografischen Dokumentation, die kurz vor der Abreise der Familie Freud unter schwierigen Bedingungen aufgenommen worden war. Zur Installation selbst wird bemerkt: „the photographs on display have been recently printed by him [= Edmund Engelman, Anm. d. Verf.] from the original negatives which he still possesses".

2 Vgl. Edmund Engelman: Sigmund Freud. Wien IX. Berggasse 19. Mit einem Vorwort von Inge Scholz-Strasser. Wien: Christian Brandstätter 1993.

3 http://www.freud.org.uk/fmaboute.htm (20.12.2002).

4 The Freud Museum. Hg. vom Freud Museum. London 1998 (Museumsfolder).

„Sigmund Freud / 1856–1939 / founder of Psychoanalysis / Lived [...] in 1938–39“ (so der Text auf der vom London County Council gestifteten Tafel an der Fassade[5]), als einen „heiligen Ort“ in der Geschichte der Psychoanalyse: „The house, where Freud completed his life and work, now offers a unique insight into the foundation of psychoanalysis.“[6]

Die Dramaturgie des Museums ist auf die Inszenierung des Herzstücks, „the centrepiece of the museum“[7], ausgerichtet: Freuds Bibliothek und *study*, nach den Intentionen von Anna Freud, die das Haus bis zu ihrem Tod im Jahr 1982 bewohnte, „preserved just as it was during his lifetime“.[8] Die Zelebrierung des Authentischen, die Auratisierung von Objekten als quasisakrale Reliquien, die von Leben und Werk eines der wichtigsten Denker der Moderne Zeugnis ablegen, kulminiert im wohl bekanntesten Objekt des Museums, „the couch“, „one of the most famous pieces of furniture in the world. [...] The Couch has become a symbol of psychoanalysis itself as the place where the unconscious reveals itself in speech.“[9]

Die „Wunderkammer“ des Londoner *study* korrespondiert mit der Leere der Praxisräume in der Berggasse 19. Nicht das Vorhandensein, sondern die Absenz von „authentischen“ Objekten – vor allem „der Couch“ – bildet den impliziten Ausgangspunkt für die Gestaltung der Ausstellung des Wiener Sigmund Freud-Museums. Durch die Vertreibung der Familie „war ein materiell entkernter Ort einstanden, dessen Leere einen starken Kontrast zu seiner symbolischen Aufladung bildete“.[10] Darauf Bezug nehmend, hatte der Architekt Hans Hollein in der Gründungsphase den – nicht realisierten – Vorschlag gemacht, lediglich eine Couch mit dahinter stehendem Sessel in die leere Praxis zu stellen. Aber selbst jene Objekte, die im Wiener Freud-Museum als materielle „Zeugnisse“ präsentiert werden – das Mobiliar des Eingangszimmers und des Warteraums –, machen das Fehlen der eigentlich erinnerungswürdigen Reliquien nur umso deutlicher.

Die Präsenz von zwei „heiligen Orten“ des Freud-Gedächtnisses, die gleichermaßen den Anspruch auf Authentizität erheben können, soll hier als Ausgangspunkt genommen werden, um einige grundsätzliche Überlegungen zum Konzept des kulturellen Gedächtnisses und zu jenen Gedächtnisorten (im wörtlichen und übertragenen Sinn), an denen es sich anlagert, zu diskutieren und – in einem zweiten Schritt – mit der Frage nach den Repräsentationen des Gedächtnisortes Sigmund Freud im Symbolhaushalt Wiens bzw. Österreichs zu verknüpfen.

Ort, Narration, Palimpsest – Topoi des Gedächtnisses

Die Selbstverständlichkeit, mit der mittlerweile mit den Semantiken des Gedächtnisses operiert werden kann, ist ein Ergebnis der beiden letzten Jahrzehnte. Seit den 80er Jahren hat dieser Begriff eine erstaunliche Karriere im Bereich der öffentlichen Geschichtskultur ebenso wie in der Wissenschaft erfahren. Ein neues Interesse an „Vergangenheit“, an Erinnern und Gedenken hat sich am Ende des 20. Jahrhunderts Bahn gebrochen. „Mit gesenkten Augen und dem Rücken voran [stolpern wir] in ein neues Jahrtausend“, bemerkte Stephen Toulmin am Beginn der 90er Jahre kritisch und konstatierte

5 Abbildung in http://www.freud.org.uk/fmaboute.htm (20.12.2002).

6 The Freud Museum, a. a. O.

7 http://www.freud.org.uk/fmaboute.htm (20.12.2002).

8 Ebd.

9 20 Maresfield Gardens. A Guide to the Freud Museum. Hg. vom Freud Museum. London: Serpent's Tail 1998, S. 53 f. Die Couch befindet sich u. a. auf dem Titelbild des Museumsführers, findet sich in verschiedenen Varianten als Postkartenmotiv; im Museumsshop kann der Überwurf in Miniaturform als „Freud's Mouse Rug“ erworben werden.

10 Lydia Marinelli, Georg Traska: Besuch einer Wohnung. Zur Architektur des Sigmund Freud-Museums. In: Architektur des Sigmund Freud-Museums. Hg. vom Sigmund Freud-Museum. Wien 2002, o. S. – Zur „Leere“ als einem der Ausgangspunkte des Konzepts der Ausstellung von Freuds Antikensammlung vgl. Lydia Marinelli: Dreckige Götter. Erwägungen zu einer Ausstellung über Freuds archäologische Sammlung. In: Roswitha Muttenthaler, Herbert Posch, Eva S.-Sturm (Hg.): Seiteneingänge. Museumsidee & Ausstellungsweisen. Wien: Turia + Kant 2000, S. 61–76.

die Erodierung von Zukunftsgewissheit und Fortschrittsglauben.[11] Das Verblassen modernisierungstheoretischer Denkfiguren von Aufstieg und Entwicklung, das endgültige Scheitern des realsozialistischen Experiments, in das auch vage Überreste eines utopischen Potentials der Moderne eingeschrieben waren, hat die „große Erzählung" der Moderne[12] auch außerhalb der philosophischen Debatten ins Wanken gebracht. Der Terraingewinn der Vorstellung, nicht mehr in der Moderne, sondern in ihrem *posthistoire* zu leben, mag – ob als Ursache dieser Entwicklung oder als ihr Katalysator – einen Hintergrund für diesen Perspektivenwechsel bilden; unbestritten ist, dass sich Orientierungswissen und Erwartungshorizonte nicht mehr vorrangig aus Zukunftsentwürfen, sondern aus den Erfahrungen der Vergangenheit speisen. Jan Assmann, einer der einflussreichsten Theoretiker des Gedächtnisparadigmas im deutschsprachigen Raum, hat in einem der ersten Grundlagentexte zum Konzept des kulturellen Gedächtnisses, dem 1988 erschienenen Aufsatz „Kollektives Gedächtnis und kulturelle Identität", das Interesse für die „kulturellen Formungen" sozialer Erinnerung gerade durch deren Relevanz als Indikatoren für das Normen- und Wertesystem einer Gesellschaft legitimiert: „In ihrer kulturellen Überlieferung wird eine Gesellschaft sichtbar: für sich und für andere. Welche Vergangenheit sie darin sichtbar werden und in der Wertperspektive ihrer identifikatorischen Aneignung hervortreten läßt, sagt etwas aus über das, was sie ist und worauf sie hinauswill."[13]

Das wissenschaftliche Interesse am Paradigma des Gedächtnisses kann auch als eine Resonanz auf entsprechende Entwicklungen in der öffentlichen Geschichtskultur[14] gesehen werden. Seit den beginnenden 80er Jahren mehren sich die Ansätze eines „Gedächtnisbooms" (Pierre Nora)[15], dessen sichtbare Zeichensetzungen in Museumsgründungen, historischen Ausstellungen, Denkmälern, neuen Gedenktagen etc., aber auch in „flüssigeren" Formen[16] wie Publikationen, Filmen, Medienberichten, TV-Dokumentationen zum Ausdruck kommen.

Narrative der Tradition, Narrative der Kritik – und ihre Gedächtnisorte

Diese gesellschaftliche Aneignung von Geschichte ist, thesenhaft zugespitzt, in zwei Aggregatzuständen anzutreffen: erstens als positive Identifikation mit einem Repertoire an Traditionen („heritage") und, zweitens, als gesellschaftskritisches Projekt einer Erinnerung an die „verdrängte" Geschichte von staatlicher Gewalt, Genozid und Holocaust.

Ad 1: Wenn man den Begriff des „heritage" in Anlehnung an David Lowenthal als Bezeichnung für die positiv konnotierten Bezugnahmen auf Tradition, kulturelles Erbe etc. verwenden will,[17] so finden sich seine Repräsentationen in den identitätsstiftenden Gedächtnisorten eines Kollektivs. Das dem Begriffsinstrumentarium der Gedächtnisorte zugrunde liegende Konzept ist vor allem im Hinblick auf die (Selbst-)Beschreibung eines nationalen Besitzstandes an „lieux de mémoire" (Pierre Nora) einflussreich geworden. Noras Suche nach den „‚Orten' [...], in denen sich das Gedächtnis der Nation [...] in besonderem Maße verkörpert oder kristallisiert hat"[18], wurde zum Leitkonzept einer gedächtnistheoretischen Neuorientierung in der Geschichtswissenschaft, die davon ausgeht,

11 Stephen Toulmin: Kosmopolis. Die unerkannten Aufgaben der Moderne. Frankfurt am Main: Suhrkamp 1994, S. 16. (Die englischsprachige Erstausgabe erschien 1990 unter dem Titel „Cosmopolis. The Hidden Agenda of Modernity".)

12 Vgl. Jean-François Lyotard: Das postmoderne Wissen. Ein Bericht. Wien: Passagen 1986.

13 Jan Assmann: Kollektives Gedächtnis und kulturelle Identität. In: Ders., Tonio Hölscher (Hg.): Kultur und Gedächtnis. Frankfurt am Main: Suhrkamp 1988, S. 16.

14 Der Begriff der Geschichtskultur bezeichnet nach Wolfgang Hardtwig vor- und außerwissenschaftliche Formen des „Geschichtswissens" im öffentlichen Bewusstsein. Diese komplexe Geschichtskultur, wie sie seit der Mitte des 18. Jahrhunderts entstanden ist, wird etwa in Gedenkfeiern und Ausstellungen, in Denkmälern, populärwissenschaftlichen historischen Büchern, im Geschichtsunterricht greifbar. Vgl. Wolfgang Hardtwig: Vorwort. In: Ders.: Geschichtskultur und Wissenschaft. München: dtv 1990, S. 7–11.

15 Pierre Nora: Gedächtniskonjunktur. In: Transit, 22 (2002), S. 8–31.

16 Vgl. Aleida Assmann: Fest und Flüssig. Anmerkungen zu einer Denkfigur. In: Dies., Dietrich Hardt (Hg.): Kultur als Lebenswelt und Monument. Frankfurt am Main: Fischer 1991, S. 181–199.

17 Vgl. David Lowenthal: „History" und „heritage". Widerstreitende und konvergente Formen der Vergangenheitsbetrachtung. In: Rosemarie Beier (Hg.): Geschichtskultur in der Zweiten Moderne. Frankfurt am Main, New York: Campus 2000, S. 71–94.

18 Pierre Nora: Zwischen Geschichte und Gedächtnis. Berlin: Wagenbach 1990, S. 7.

dass sich Gesellschaften in der Moderne, vor allem die Nation, nicht durch bestimmte Eigenschaften wie etwa eine gemeinsame Sprache, Kultur und Geschichte konstituieren, sondern eben durch die *Vorstellung* von gemeinsamen Eigenschaften. Denkt man Nationen und andere Kollektive als „*imagined communities*" (Benedict Anderson)[19], so ist das *imaginaire* einer „gemeinsamen Vergangenheit" einer der wichtigsten Generatoren einer identitätsstiftenden Selbstversicherung.

Insofern wurde die Beschreibung der nationalen Gedächtnisorte, die seit dem Erscheinen der von Pierre Nora herausgegebenen dreibändigen „Lieux de mémoire" (1984–1993)[20] in vielen europäischen Staaten Nachfolgeprojekte angeregt hat, zu einer doppelten Operation: Mit der Darstellung des Symbolhaushaltes einer Nation ist zweifellos eine „Rückkehr zur nationalen Historiographie – vermittels der Analyse alles dessen, was die Eigentümlichkeiten eines Landes ausmacht"[21] verbunden. Jede Bestandsaufnahme der Traditionen eines Kollektivs – sei es die unreflektierte Sammlung des kulturellen Gedächtnisses und seiner „Orte",[22] aber auch eine wissenschaftliche Inventarisierung und Analyse mit dem Ziel einer identitätskritischen Dekonstruktion der Repräsentationen des kulturellen Gedächtnisses[23] – ist damit konfrontiert, dass zugleich das hegemoniale Repertoire an Gedächtnisorten festgeschrieben und damit seiner normativen Verbindlichkeit eine neue, nun „wissenschaftlich" fundierte Legitimation verliehen wird.

Ad 2: Erscheinen Gedächtnisorte als sichtbare Zeichen eines der Moderne inhärenten Prozesses der permanenten Generierung von identitätsstiftenden Bezugnahmen auf die Vergangenheit, so geht das emphatische „Projekt des Erinnerns" von einer moralisch-ethischen Pflicht des Eingedenkens an die „wunden Punkte" der Vergangenheit des eigenen Kollektivs aus. Die Wiederkehr des „Verdrängten", das Weiterwirken von historischen Traumata und tabuisierten „blinden Flecken", von „Schweigestellen" des historischen Bewusstseins, die Notwendigkeit der „Aufarbeitung" der Vergangenheit – diese Semantik der „Vergangenheitsbewältigung" ist charakteristisch für das Verständnis von Erinnerung als politisch-historischer Aufklärung. Die Bezugspunkte dessen, was konkret unter dem Begriff der „Verdrängung" ins Auge gefasst werden soll, haben sich mit dem Generationenwechsel verschoben,[24] seit den 80er Jahren ist zweifellos der „Zivilisationsbruch Auschwitz" (Dan Diner)[25] in das Zentrum der europäischen Erinnerungskulturen gerückt. Nicht nur in den Nachfolgestaaten des Dritten Reiches, auch in den vom NS-Regime okkupierten Territorien und darüber hinaus (etwa in der Schweiz) stand die Frage nach der Involvierung der eigenen Gesellschaft in den nationalsozialistischen Herrschaftsapparat und damit nach der Mitverantwortung an der nationalsozialistischen Judenvernichtung im Zentrum geschichtspolitischer Debatten – seit 1989 auch in den Ländern des ehemaligen Ostblocks.[26]

Auch diese kritische Gedächtniskultur, die sich der Aufklärung über die „dunklen Flecken" der eigenen Geschichte und über ihr „Verschweigen" und „Verdrängen" seit 1945 verschrieben hat, agiert letztlich in einem von identitätsstiftenden Strukturen geprägten sozialen Raum: Die Forderung einer neuen, nicht mehr von der NS-Erfahrung geprägten Generation nach „Aufarbeitung" der

19 Vgl. Benedict Anderson: Die Erfindung der Nation. Zur Karriere eines erfolgreichen Konzepts. Frankfurt am Main, New York: Campus 1988. (Das englische Original erschien 1983 unter dem Titel „Imagined Communities. Reflections on the Origin and Spread of Nationalism".)

20 Pierre Nora (Hg.): Les lieux de mémoire. 3 Bde. Paris: Gallimard 1984–1993.

21 Pierre Nora: Zwischen Geschichte und Gedächtnis, a. a. O., S. 9.

22 Vgl. etwa http://www.monum.fr; http://www.english-heritage.org.uk; http://www.nationaltrust.org.uk (20.12.2002).

23 Vgl. etwa für Österreich Susanne Breuss, Karin Liebhart, Andreas Pribersky: Inszenierungen. Stichwörter zu Österreich. Wien: Sonderzahl 1995.

24 Norbert Frei hat darauf hingewiesen, dass sich der Zeithorizont mit dem Generationenwechsel verschoben hat: Während die Zeitgenossen und auch die Zeithistoriker anfänglich auf die Frage der Machtergreifung 1933 und der politischen Machtdurchsetzung fixiert waren, wurde „Auschwitz" erst relativ spät als Kernereignis der NS-Zeit wahrgenommen. Frei schlägt generell vor, „von Generationen-Gedächtnissen zu sprechen und von deren sich verändernden Relationen zueinander". Norbert Frei: Erbantritt. Nationalsozialismus und Holocaust im Generationenwechsel. In: Martin Horváth u. a. (Hg.): Jenseits des Schlussstrichs. Gedenkdienst im Diskurs über die österreichische nationalsozialistische Vergangenheit. Wien: Löcker 2002, S. 18.

25 Dan Diner (Hg.): Zivilisationsbruch. Denken nach Auschwitz. Frankfurt am Main: Fischer 1988.

26 Die NS-Vergangenheit wurde allerdings nicht nur in Europa zum normativen Bezugspunkt des Handelns in der gegenwärtigen sozialen Welt: In der Geschichtskultur der Zweiten Moderne bezeichnet die Holocaust-Erinnerung zunehmend den transnationalen historischen Bezugspunkt eines „Menschheitsgedächtnisses", das in einem globalen Zusammenhang die Orientierung an den Werten von Humanität und Menschenrechten legitimieren kann. Vgl. Daniel Levy, Natan Sznaider: Erinnerung im globalen Zeitalter: Der Holocaust. Frankfurt am Main: Suhrkamp 2001.

Vergangenheit ist in den letzten Jahren von einer gesellschaftskritischen „Gegenerzählung" zu einem konsensfähigen historischen Narrativ[27] geworden, das in der Errichtung neuer Gedächtnisorte seinen materiellen Ausdruck findet. Die Durchsetzung von Denkmälern zur Erinnerung an den Holocaust in Wien, Berlin und in anderen Städten verweist auf die Mehrheitsfähigkeit dieser neuen Haltung zur Vergangenheit.[28]

Gedächtnis und die Radikalität der kulturwissenschaftlichen Wende

Von diesen unterschiedlichen, wenngleich eng verflochtenen Konzepten von Gedächtniskultur als positivem Bezugspunkt („das sind wir") oder als dem negativ konnotierten Anderen des gegenwärtigen Normen- und Wertehorizonts („das ist unser Gegenteil")[29] zu unterscheiden ist das methodisch-theoretische Instrumentarium einer kulturwissenschaftlichen Gedächtnisforschung: Gedächtnis als ein, wenn nicht *der* Leitbegriff der kulturwissenschaftlichen Wende in den Geisteswissenschaften[30] versteht sich als theoretisch-methodisches Instrumentarium zur kritischen Analyse und Dekonstruktion der identitätspolitisch aufgeladenen gesellschaftlichen Deutungsmuster über die Vergangenheit. Die Frage nach der Durchsetzung von hegemonialen Geschichtsbildern – während andere marginalisiert werden oder Leerstellen bilden –, Vorstellungen vom Kampf um die Erinnerung, von der Konkurrenz um die Deutungsmacht bestimmen die Analyse von Diskursen und Symbolen des kollektiven Gedächtnisses.

Die Radikalität des kulturwissenschaftlichen Paradigmenwechsels unter dem Vorzeichen des Gedächtnisses ist angesichts der Fülle von Forschungsarbeiten zur gesellschaftlichen Erinnerungskultur, die in den letzten Jahren publiziert wurden, kaum noch erkennbar – Gedächtnis war bzw. ist allerdings nach wie vor das Fahnenwort der konstruktivistischen Wende in den Geschichtswissenschaften, durch die sich das Denken über die Beziehung zwischen Vergangenheit und Gegenwart gewissermaßen umgekehrt hat: Die Vorstellung einer authentischen „vergangenen Wirklichkeit" (also die Existenz einer Vergangenheit *an sich*), die durch die Geschichtsschreibung möglichst objektiv wiedergegeben werden kann, ist ins Wanken geraten. Drei Prämissen sind dafür ausschlaggebend: Erstens das konstruktivistische Credo, wonach gegenwärtige und vergangene „Wirklichkeit" als solche – das heißt jenseits eines Beobachterstandpunktes – nicht existiert, sondern immer nur aus dem Blickwinkel der jeweiligen Gegenwart betrachtet und rekonstruiert werden kann; der Blick in das Archiv der Geschichte ist also perspektivisch und von den Epistemen der jeweiligen Gegenwart bestimmt. Zweitens das Postulat der Narrativität: Geschichtsschreibung ist immer auch Erzählung und damit den rhetorischen und performativen Strukturen des *story telling* unterworfen. Und drittens der *linguistic turn*: Der Historiker, die Historikerin hat es nicht mit der Vergangenheit zu tun, sondern mit *Texten* über die Vergangenheit, d. h., dass eine historische Analyse einerseits die Textualität der Quellen berücksichtigen muss und andererseits davon auszugehen hat, dass Sprache kein durchsichtiges Medium ist, das eine authentische Wiedergabe vergangener Wirklichkeit erlaubt.[31]

27 Während unter Narration eine Erzählung bzw. ein Erzählstrang verstanden werden kann, bezeichnet der Begriff des Narrativs jene Erzählmuster, durch die Narrationen geordnet werden. Vgl. Wolfgang Müller-Funk: Die Kultur und ihre Narrative. Eine Einführung. Wien, New York: Springer 2002.

28 Vgl. Tony Judt: Die Vergangenheit ist ein anderes Land. Politische Mythen im Nachkriegseuropa. In: Transit, 6 (1993), S. 87–120.

29 Vgl. Assmann: Kollektives Gedächtnis, a. a. O., S. 13.

30 Aleida Assmann: Gedächtnis als Leitbegriff der Kulturwissenschaften. In: Lutz Musner, Gotthart Wunberg (Hg.): Kulturwissenschaften. Forschung – Praxis – Positionen. Wien: WUV 2002, S. 27–45.

31 Vgl. dazu exemplarisch Ute Daniel: Kompendium Kulturgeschichte. Theorien, Praxis, Schlüsselwörter. Frankfurt am Main: Suhrkamp 2001; Robert F. Berkhofer: Beyond the Great Story. History as Text and Discourse. 2. Aufl. Cambridge, London: Harvard University Press 1997.

Gedächtnis als Palimpsest im sozialen Raum

Die Vorstellung eines unaufhörlichen Prozesses des *re-writing* von Geschichte, Topoi des Überschreibens, Verblassens und Verschwindens von Narrativen, ihrer Aufladung mit sozialer bzw. affektiver Energie und ihrer Sedimentierung in sichtbaren Symbolen (Gedächtnisorten) lassen sich im Bild des Palimpsests[32] veranschaulichen: Während der Terminus des Gedächtnisortes die Vorstellung eines stabilen Formenbestandes des kulturellen Gedächtnisses und damit eines klar umrissenen Repertoires an Mythen, Narrationen, Ritualen etc. eines Kollektivs (einer Nation) evoziert, kann der Topos des Palimpsests als Verweis auf die Paradoxa und Widersprüche des Gedächtnisparadigmas gelesen werden: Seine Stabilität bezieht sich vornehmlich auf die strukturelle Ebene, im Hinblick auf den skizzierten Basisprozess der permanenten Generierung der historischen Bezugspunkte von *imagined communities*. Was die Inhalte betrifft, so zeigt sich Gedächtnis jedoch als transitorische, flüchtige Chiffre im Spannungsfeld von Prozessen der Verfestigung und der Verflüssigung, von synchronen Vielfachcodierungen (oder auch Kampfzonen um die „richtige" Deutung) und diachronen Transformationen der Geschichtsbilder eines Kollektivs.

Allerdings: Folgt man dem konstruktivistischen bzw. poststrukturalistischen Theoriegebäude der Postmoderne, so lässt sich auf diesem Palimpsest kein Ursprungstext annehmen – die Vorstellung eines authentischen Abbilds der historischen Wirklichkeit ist dem Bild eines variablen Signifikats gewichen,[33] sodass sich Texte immer nur auf andere Texte beziehen können. Es ist demnach nicht das „Archiv der Vergangenheit" selbst, zu dem sich jede Gedächtniskultur neu in Beziehung setzt, sondern es sind die bislang in einer Gesellschaft kommunizierten Narrationen über die Vergangenheit und ihre Sedimentierung im „Archiv des Gedächtnisses", die in den jeweils aktuellen Repräsentationen des kulturellen Gedächtnisses reproduziert, modifiziert oder aber verworfen werden.

Gedächtnisort Sigmund Freud

Mit dem Topos des Palimpsests lassen sich auch die komplexen Beziehungen von Gedächtnisorten im sozialen Raum eines Kollektivs beschreiben. Ein Erinnerungszeichen ist meist kein singuläres Symbol, sondern markiert eine Position in einem Geflecht von unterschiedlichen Zeichensetzungen in einer Gedächtnislandschaft, die in synchroner und diachroner Beziehung zueinander stehen. Insofern geben ein Denkmal, eine Gedenktafel, ein Museum zunächst einmal Auskunft darüber, dass offenkundig die Wahrnehmung einer Leerstelle, eines Desiderats im Symbolhaushalt bestanden hatte, die nun mit einem Zeichen der Erinnerung an eine denkwürdige Person bzw. ein Ereignis gefüllt worden ist.

Eine zweite Kategorie der Strukturierung einer Gedächtnislandschaft ist das Hierarchiegefälle, das im Ensemble der Gedächtnisorte zum Ausdruck kommt: Gerade weil Denkmäler, Gedenktafeln, Straßennamen, Museen und andere Formen des nachhaltigen Einschreibens in den öffentlichen Raum ein beträchtliches Ausmaß an Engagement erforderlich machen, der Durchsetzung in unterschiedlichen Kontexten bedürfen (Aufstellungsgenehmigung durch politische

32 Vgl. Aleida Assmann: Zur Metaphorik der Erinnerung. In: Dies., Dietrich Harth (Hg.): Mnemosyne. Formen und Funktionen der kulturellen Erinnerung. Frankfurt am Main: Fischer 1991, S. 13–35, insbes. S. 19 f. – Assmann verweist im Hinblick auf Metaphern des Gedächtnisses auch auf Sigmund Freuds Beschreibung des Wunderblocks als Gedächtnismodell, vgl. ebd., S. 21.

33 Vgl. (mit Bezug auf die Theorien von Jacques Derrida) Marcus Sandl: Geschichte und Postmoderne. In: Joachim Eibach, Günther Lottes (Hg.): Kompass der Geschichtswissenschaft. Ein Handbuch. Göttingen: Vandenhoeck & Ruprecht 2002, S. 329–341.

Körperschaften, finanzielle Aufwendungen etc.), sind sie Indikatoren für die „Hierarchie der Erinnerung“ (Pierre Nora): Die Stifter, der Standort, die Dimensionierung des Projekts und die angelagerten Gedenkkulturen geben Auskunft über den Stellenwert eines Erinnerungszeichens im Symbolhaushalt eines Kollektivs.

Von der Peripherie in den Zentralraum des kulturellen Gedächtnisses: Freud-Gedenkstätten in Wien

Die Wiener Freud-Gedenkstätten verweisen auf eine Transformation des Gedächtnisorts Sigmund Freud seit den 50er Jahren, die als ein Prozess des Hineinrückens in das Zentrum der Geschichtskultur der Stadt Wien beschrieben werden kann. In einer ersten Phase kann davon allerdings noch nicht die Rede sein, denn die Repräsentationen des Freud-Gedächtnisses wurden zunächst vornehmlich von partikularen Gruppen, nämlich jenen der psychoanalytischen *scientific community* getragen.

Das erste Denkmal, die Freud-Büste im Ehrenhof der Universität Wien, befindet sich an einem Ort, der zwar hinsichtlich des Gedenkens an die Heroen der Wissenschaft zentral genannt werden kann, aber von einer außerakademischen Öffentlichkeit kaum wahrgenommen wird. Das Denkmal für den „Vater der Psychoanalyse“[34] war aufgrund eines einstimmigen Beschlusses des Professorenkollegiums im Februar 1955 aufgestellt worden. Die Bronzebüste wurde von Ernest Jones (London), dem „engsten Mitarbeiter und Freund des Gelehrten“ (wie es im Bericht der „Presse“ hieß), gestiftet.[35] Die akademische Feier stand, so führte „Die Presse“ weiter aus, vor allem im Zeichen einer „würdigen Korrektur“ im Hinblick auf die langjährige Verweigerung der akademischen Anerkennung für Freud: „[...] weiß man doch, daß Freud, der schon mit 32 Jahren Privatdozent geworden war, erst unverhältnismäßig spät, nach weiteren siebzehn Jahren, den Titel eines außerordentlichen und wiederum erst achtzehn Jahre später den eines ordentlichen Professors erhalten hat, er mußte aber bis zu seinem Tode Privatdozent bleiben und ist nie Mitglied des Wiener Professorenkollegiums gewesen.“[36] Auf andere Beeinträchtigungen, die Freud in Wien erfahren hatte, wurde nicht eingegangen. Die Gestaltung der akademischen Feier entsprach allgemein eher der Würdigung eines international anerkannten Wissenschafters denn einer eng mit Wien verbundenen Zelebrität: Die Ansprachen hielten – neben dem Rektor und dem Dekan der medizinischen Fakultät – Professor Hoff, der Vorstand der Psychiatrischen Klinik, Professor Krapf aus Buenos Aires, der als Vertreter der Weltföderation für Psychische Hygiene sowie für die Argentinische und die Schweizer Psychoanalytische Gesellschaft sprach, Dr. Leo Workman für die American Medical Association, die American Psychiatric Association und die American Psychoanalytic Association und schließlich Alfred Winterstein als Obmann der Wiener Psychoanalytischen Vereinigung.[37]

Bereits ein Jahr zuvor war an der Fassade des Hauses Berggasse 19, „in dem der Begründer der Psychoanalyse volle 47 Jahre bis zu seiner Vertreibung aus Wien gewohnt hat“,[38] anlässlich des 98. Geburtstages von Sigmund Freud eine Gedenktafel enthüllt worden, die ebenfalls auf eine von außen, aus Kreisen der internationalen psychoanalytischen Vereinigungen kommende Initiative zurückging:

34 Ehrung Siegmund [sic!] Freuds. In: Wiener Zeitung, 5.2.1955.

35 Freud-Büste in der Universität. In: Die Presse, 5.2.1955. – Zur Frage der Stiftung finden sich allerdings unterschiedliche Angaben. Nach dem Bericht der „Wiener Zeitung“ wurde die Büste von ehemaligen Schülern Freuds und der psychiatrischen Klinik gestiftet. Vgl. Ehrung Siegmund Freuds. In: Wiener Zeitung, 5.2.1955 Eine andere Quelle gibt an, dass die Büste „durch Spenden aus aller Welt, vor allem aus den USA“ finanziert worden sei. Vgl. Gedenken und Mahnen in Wien 1934–1945. Gedenkstätten zu Widerstand und Verfolgung, Exil, Befreiung. Eine Dokumentation. Hg. vom Dokumentationsarchiv des Österreichischen Widerstandes, bearbeitet von Herbert Exenberger, Heinz Arnberger unter Mitarbeit von Claudia Kuretsidis-Haider. Wien: Deuticke 1998, S. 36 f.

36 Freud-Büste in der Universität. In: Die Presse, 5.2.1955.

37 Ebd.

38 Eine Gedenktafel für Sigmund Freud. In: Wiener Zeitung, 7.5.1954.

Der Präsident der Weltföderation für geistige Gesundheit und Rektor der Universität Utrecht, Prof. Dr. Rümke, hatte eine Spendensammlung angeregt. In seiner Gedenkrede würdigte er „die Verdienste Freuds, dessen Lehre immer noch lebendig sei". Professor Hans Hoff, Präsident der Österreichischen Gesellschaft für Psychische Hygiene, bezeichnete die Anbringung der Gedenktafel als „eine Wiedergutmachung des Andenkens an Freud, der 1938 ins Ausland gehen mußte, und ohne dessen Lehre vom Unbewußten die heutige Psychologie und Pädagogik gar nicht sein könnte". Alfred Winterstein, der Präsident der Wiener Psychoanalytischen Vereinigung, wies darauf hin, „daß sich in diesem Hause Freud die Geheimnisse des Traums entschleiert haben".[39] Die anwesenden Vertreter der Stadt Wien, namentlich Stadtrat Josef Afritsch, der in Vertretung des Bürgermeisters die Tafel in die Obhut der Stadt Wien übernahm, ergriffen offenkundig nicht das Wort, sodass diese Gedenktafel praktisch nicht als offizielle und damit auch nicht als politische Willensäußerung der Stadt Wien zu deuten war. Dies geht auch aus dem Text der Inschrift hervor: „In diesem Hause lebte und wirkte / Professor Sigmund Freud / in den Jahren 1891–1938 / der Schöpfer und Begründer / der Psychoanalyse / Gestiftet von der 6. Jahres / Versammlung der World / Federation for Mental Health / im August 1953."[40] Angesichts des nach wie vor virulenten Antisemitismus in Wien und Österreich, der sich u. a. in den Schwierigkeiten, im Jahr 1955 eine Gedenktafel für Fritz Grünbaum an der Fassade des Kabarett Simpl in der Wollzeile anzubringen, ablesen lässt,[41] kann die Zurückhaltung der sozialistisch regierten Stadtgemeinde Wien wohl auch als Rücksichtnahme auf „bestimmte Wählerschichten" interpretiert werden. An diesem Befund ändert auch die aus dem Jahr 1949 datierende Benennung einer Wohnhausanlage der Stadt Wien in Sigmund Freud-Hof wenig, diese Namensgebung erfolgte auf Antrag des kommunistischen Kulturstadtrates Viktor Matejka.[42]

Am 6. Mai 1977, sechs Jahre nach der Eröffnung des Freud-Museums, wurde in der Himmelstraße (Bellevue-Höhe) auf dem Cobenzl ein von der Sigmund Freud-Gesellschaft errichteter Gedenkstein „für den großen Wiener Arzt und Schöpfer der Psychoanalyse"[43] seiner Bestimmung übergeben; der Enthüllung der von Wilhelm Holzbauer entworfenen Stele wohnte auch Anna Freud bei. Der Text der Gedenktafel markiert diesen Ort – das heute nicht mehr existierende Schloss Bellevue, in dem Freud den Sommer des Jahres 1895 verbrachte – als authentischen Ort der Erinnerung an ein Schlüsselereignis für die Geschichte der Psychoanalyse, wie aus der Inschrift hervorgeht: „Glaubst Du eigentlich, daß an dem Hause dereinst auf einer Marmortafel zu lesen sein wird?: ‚Hier enthüllte sich am 24. Juli 1895 dem Dr. Sigm. Freud das Geheimnis des Traumes.' Die Aussichten sind bis jetzt hiefür gering. (Sigmund Freud an Wilhelm Fliess. Belle Vue, 12. Juli 1900)".[44] Auch dieser Gedenkstein kann noch nicht als Zeichen der Anerkennung Sigmund Freuds als Ikone eines Wiener Gedächtnisses bezeichnet werden – die Stiftung durch die Sigmund Freud-Gesellschaft weist das Denkmal vielmehr als partikulares, auf die Geschichte der Psychoanalyse bezogenes Erinnerungsmal aus, wenngleich die ironische Differenz zwischen dem Text über die wahrscheinliche Nichterrichtung eines Denkmals und dessen Realisierung die Frage der unzureichenden Anerkennung Freuds in

39 Enthüllung der Gedenktafel für Sigmund Freud. In: Die Presse, 7.5.1954.

40 Gedenken und Mahnen in Wien, a. a. O., S. 185 f.

41 Heidemarie Uhl: Transformationen des österreichischen Gedächtnisses. Geschichtspolitik und Denkmalkultur in der Zweiten Republik. In: Tel Aviver Jahrbuch für deutsche Geschichte, 29. Jg. (2000), S. 329.

42 Die städtische Wohnanlage befindet sich in der Gussenbauergasse 5–7 im 9. Wiener Gemeindebezirk, eine dort angebrachte Gedenktafel trägt die Inschrift: „Dr. Sigmund Freud / Professor für Neurologie an / der Universität Wien, Begründer / der Psychoanalyse 1856–1939." Gedenken und Mahnen in Wien, a. a. O., S. 186.

43 Wiener Zeitung, 7.5.1977 (Rubrik: Kulturstenogramm).

44 Gedenken und Mahnen in Wien, a. a. O., S. 390.

Wien andeutet. Die Beschmierung mit antisemitischen Parolen im Februar 1979 ist zudem ein Indiz für die antisemitischen Kontexte, als deren Antithese die Initiativen für die öffentliche Würdigung Sigmund Freuds in Wien letztlich auch zu lesen sind.

Die These, dass Freud eher auf internationaler Ebene denn in Wien gewürdigt wurde und erst seit den 80er Jahren – im Zusammenhang mit einer neuen Erinnerungskultur für die jüdischen Opfer des NS-Regimes einerseits, neuen Leitbildern der historischen Identität der Stadt Wien andererseits – von einer peripheren bzw. partikularen Position in das Zentrum des Gedächtnisraums Wiens gerückt ist, bezieht sich vor allem auf die Errichtung eines Gedenksteins vor der Votivkirche, verbunden mit der Neubenennung dieses Platzes im Mai 1985. Diese Denkmalsetzung beruht auf dem Zusammenwirken von Sigmund Freud-Gesellschaft und Stadt Wien; aus Anlass der Enthüllung, die durch den Wiener Bürgermeister Helmut Zilk vorgenommen wurde, wurde die Parkanlage am Platz vor der Votivkirche, der schon mehrmals infolge von politischen Bruchlinien seinen Namen gewechselt hatte, als „Sigmund Freud-Park" benannt. Der Ort im Zentralraum der Stadt, ohne einen konkreten Bezug zur Biographie Freuds, die Beteiligung der Stadt Wien, die Enthüllung durch den Bürgermeister und nicht zuletzt die als Mahnung zu lesende Textierung – „Die Stimme der Vernunft ist leise. Sigmund Freud 1856–1939"[45] – verleihen diesem Denkmal die Bedeutung einer offiziellen Willensäußerung der Stadt Wien. Bürgermeister Helmut Zilk sprach von einem „‚Akt der Wiedergutmachung', den die Stadt Wien nun endlich gegenüber einem ihrer größten Söhne geleistet hätte": „‚Sigmund Freud ist von dieser Stadt nicht zu trennen. Er hat das Bild von Wien in der Welt geprägt wie kaum ein anderer.'" Der Stolz auf Wien als „Geburtsstadt" der Psychoanalyse bzw. die Anerkennung der – mittlerweile wohl weitgehend unbestritten – Leistungen Sigmund Freuds stand jedoch nicht im Vordergrund der Reden anlässlich der Enthüllung des Gedenksteins, sondern die Erinnerung an die NS-Vergangenheit und die darauf Bezug nehmende Formulierung einer Mahnung für die Gegenwart, auf die Zilk explizit einging: Unter Hinweis auf die Inschrift appellierte er an die Anwesenden: „‚Sorgen wir gemeinsam dafür, daß diese Stimme [der Vernunft, Anm. d. Verf.] in Hinkunft lauter wird!'" Auch Harald Leupold-Löwenthal stellte in seiner Ansprache das Verhältnis Wiens zu Freud und seinem Gedächtnis in den Vordergrund: Die Psychoanalyse sei sofort nach dem Einmarsch der Nazis in Österreich verboten worden, „auch das Verhältnis zur Stadt Wien sei lange Zeit kein ungetrübtes gewesen. Mit der Enthüllung des Gedenksteins jedoch sei nun das vorläufig letzte Kapitel einer Versöhnung geschrieben."[46]

Mit dieser Initiative der Stadt Wien erhielt auch der Gedächtnisort Sigmund Freud eine partielle Neucodierung: Während sich in den frühen Gedenkstätten die Frage der „Wiedergutmachung" vornehmlich auf die Würdigung Freuds und der Psychoanalyse bezog, wurde das Freud-Gedenken nun – ein Jahr vor dem Ausbruch der Waldheim-Debatte – in den virulenten Diskurs um die österreichische Vergangenheitsbewältigung einbezogen und so mit neuer „sozialer Energie" aufgeladen.[47]

45 Später wurde das Wort „Vernunft" im Hinblick auf die Formulierung im Freudschen Originaltext durch „Intellekt" ersetzt. – Für diesen und weitere Hinweise danke ich Lydia Marinelli, Sigmund Freud-Museum.

46 Freud ist von Wien nicht zu trennen. In: Wiener Zeitung, 7.5.1985.

47 Darauf verweist nicht zuletzt die Beschmierung mit antisemitischen Parolen im Februar 1987 und im Juli 1988. Vgl. Gedenken und Mahnen in Wien, a. a. O., S. 197.

Berggasse 19 – Palimpsest vielstimmiger Narrationen

Ebenso wie die frühen Stiftungen des Freud-Gedenkens war auch die Begründung des Freud-Museums in der Berggasse 19 das indirekte Ergebnis einer Intervention außerösterreichischer Kreise: Die Initiative zur Einrichtung einer Gedenkstätte bzw. zur Gründung der Sigmund Freud-Gesellschaft ging auf eine Anregung des damaligen Bundeskanzlers Dr. Josef Klaus zurück, der nach einer Reise in die USA „auf die Kommentare über den Mangel an Anerkennung für Freud und sein Werk in Wien" reagierte und interessierte Organisationen und Einzelpersonen zur Mitarbeit einlud.[48] Mit Subventionen der österreichischen Bundesregierung und der Stadt Wien konnte die ehemalige Ordination in der Berggasse 19 erworben und als Museum gestaltet werden. Im Jahr 1971 war die Adaptierung abgeschlossen; das Eröffnungsdatum, der 15. Juni 1971, war wohl nicht zufällig im Hinblick auf den 27. Internationalen Psychoanalytischen Kongress abgestimmt, der vom 26. bis 30. Juli in Wien stattfand und in der Öffentlichkeit auf größere Resonanz stieß.[49]

Museologische Analysen gehen von einer Vielstimmigkeit von Narrativen und Kontexten aus, die der *story line* einer Ausstellung, ihrer Argumentation und Objektauswahl zugrunde liegt, wobei sich die Frage insbesondere auch auf die verborgenen Narrative, die nicht sichtbaren Subtexte richtet, in denen nichtintendierte, aber dennoch wahrnehmbare Bedeutungsdimensionen eingelagert sind.[50] Im Fall der Berggasse 19 ist die Qualität des Ortes Ausgangspunkt des musealen *setting* – kein neutrales Museumsgebäude, sondern eine authentische *site of memory*. Vor dem Hintergrund der Wiedererwerbung der Ordinationsräume durch die Sigmund Freud-Gesellschaft, der sorgfältigen Restaurierung mit dem Ziel der teilweisen Wiederherstellung des Zustandes vor Freuds Flucht 1938 und der Wiedergewinnung von Teilen des Mobiliars – des Vorzimmers und des Warteraums – wird eine museale Erzählung entfaltet, die durch zumindest drei narrative Stränge gekennzeichnet ist: Das sichtbare Zentrum bildet die vom Psychiater Harald Leupold-Löwenthal gestaltete Ausstellung[51] über das Leben Freuds, platziert im ehemaligen Ordinations- und Arbeitszimmer, wodurch das Museum auf die Biographie Freuds und die Entwicklung der Psychoanalyse festgelegt wird. Beginnend mit einer Fotografie von Freuds Geburtsort, berichtet ein Fries von Bildern, Faksimiles und Originaldokumenten, von Objekten in Vitrinen und Regalen über die Lebensstationen des Gelehrten und seiner Familie, über seine Freunde, Mitstreiter und Gegner.

In der Schlusssequenz der Ausstellung wird der Blick auch auf das politische Geschehen im Jahr 1938 gelenkt. Ein Foto der „Anschluss"-Kundgebung am Wiener Heldenplatz vom 15. März 1938 und die Aufnahme Engelmans vom Haustor der Berggasse 19 mit Hakenkreuzfahne fungieren als visuelle Icons, durch die die Verbindung zwischen dem Beginn der NS-Herrschaft in Österreich und Freuds Biographie hergestellt wird. Mit der Ankunft am Pariser Gare de l'Est am 5. Juni 1938 – die Fotografie zeigt Freud mit Marie Bonaparte und Botschafter William C. Bullit – reißt der narrative Bezug zur Berggasse 19 ab; das letzte Bild zeigt die Grabstätte im Krematorium Golder's Green in London[52] und setzt damit im Hinblick auf die narrative Logik der Ausstellung ein eindeutiges Signal:

48 Inge Scholz-Strasser: Berggasse 19. In: Harald Leupold-Löwenthal, Hans Lobner, Inge Scholz-Strasser (Hg.): Sigmund Freud Museum. Wien IX. Berggasse 19. Katalog. 2. Aufl. Wien: Christian Brandstätter 2001, S. 9.

49 Ebd.

50 Vgl. Roswitha Muttenthaler, Regina Wonisch: „Das inszenierte Geschlecht". Abwesenheiten, Umformulierungen und phantastisches Begehren in Museen und Ausstellungen. In: Christina Lutter, Elisabeth Menasse-Wiesbauer (Hg.): Frauenforschung, feministische Forschung, Gender Studies: Entwicklungen und Perspektiven. Wien: Bundesministerium für Wissenschaft und Verkehr 1999, S. 275–311. Für diesen und weitere Hinweise in Bezug auf museologische Fragen danke ich Monika Sommer, Österreichische Akademie der Wissenschaften Wien, Kommission für Kulturwissenschaften und Theatergeschichte.

51 Die folgenden Überlegungen können nicht auf die 1971 eröffnete Ausstellung eingehen, sondern nehmen die derzeitige Gestaltung der Räumlichkeiten zum Ausgangspunkt; 1984 war eine erste Renovierung der Ausstellungsräume erfolgt, dabei wurde „die Schausammlung in der ehemaligen Praxis Freuds neu arrangiert und mit Einzelstücken und Manuskripten ergänzt". Scholz-Strasser: Berggasse 19, a. a. O., S. 9 f.

52 Vgl. zu den erwähnten Fotografien Harald Leupold-Löwenthal, Hans Lobner, Inge Scholz-Strasser: Die Dokumentation des Museums. Objektverzeichnis. In: Dies. (Hg.): Sigmund Freud Museum, a. a. O., S. 81 (Objekt 262), S. 82 (Objekt 265, 267), S. 87 (Objekt 287).

Mit dem Tod Freuds endet eine auf Leben und Werk des Gründers der Psychoanalyse bezogene Erzählung.

Der Bezug zur Gegenwart erschließt sich indirekt aus den Bedeutungszuschreibungen anlässlich der Eröffnung: Die Würdigung Sigmund Freuds als einer der bedeutendsten Wissenschafter der Moderne bezeichnet auch einen Akt symbolischer Wiedergutmachung angesichts des Unrechts, das ihm in Wien widerfahren ist. Diese „symbolische Rückkehr Sigmund Freuds an den Ort, an dem er fast sein gesamtes Werk geschrieben und seine Heilpraxis ausgeübt hatte",[53] bildet das zweite Narrativ, das in der Ausstellung selbst allerdings nicht explizit thematisiert wird. In den Eröffnungsreden, aber auch in den kommentierenden Anmerkungen der Medienberichte kommen die Intention der Wiedergutmachung und der Versuch einer Versöhnung mit den Nachkommen Freuds, die mit der Gründung der Sigmund Freud-Gesellschaft und der Errichtung einer Gedenkstätte aus öffentlichen Mitteln verbunden war, zum Ausdruck. Am sensibelsten wird dieser Kontext im Beitrag von Hilde Spiel in der „Frankfurter Allgemeinen Zeitung" thematisiert; Spiel hatte während der NS-Zeit selbst nach Großbritannien emigrieren müssen: „Die Dankesschuld wird abgetragen, das Unrecht wiedergutgemacht."[54] In ihrem Beitrag stehen prekäre Fragen von Schuld, Wiedergutmachung und Versöhnung im Zentrum – Aspekte, die in der Berichterstattung anderer Medien nur peripher Erwähnung finden. Die Rede von Bundeskanzler Bruno Kreisky – selbst jüdischer Herkunft und aus „rassischen" Gründen verfolgt – wird so als ein Gedenkakt interpretiert: „Daß er nun, ex officio, die Sühne vollzieht, ist so rührend wie Brandts Kniefall."[55] Sichtbarer, wenngleich in der Ausstellung selbst nicht kenntlich gemachter Beweis dieses Versöhnungsprogramms waren die Originalmöbel von Wartezimmer und Vorraum, die Anna Freud, die nun „mit Wien versöhnte Tochter",[56] der Gedenkstätte übergab: „Sie hat das Türschild geschickt, Autographen des Vaters, seinen Hut und Spazierstock, Mobiliar aus dem Wartezimmer und – ihre Haushälterin. Frau Paula Fichtl, seit 1929 im Dienst der Familie, ist aus London nach Wien gereist, um die Möbel in der wiedergewonnenen Wohnung an den alten Platz zu rücken. Eine sanfte Ironie liegt darin, daß nun Frau Fichtl als Ehrengast neben dem Bundeskanzler steht. Anna Freud selbst wird im Juli, wenn der Kongreß der internationalen Psychoanalytischen Vereinigung in ihrer Ursprungsstadt tagt, den Fuß zum erstenmal wieder auf Wiener Boden setzen."[57]

Die Beschränkung auf die Lebensgeschichte eines Heroen der Wissenschaft, die Verehrung von persönlichen Erinnerungsstücken, durch ihre Platzierung in der Ausstellung mit der sakralen Aura von authentischen Relikten versehen,[58] entsprachen dem Konzept einer Gedenkstätte, in Analogie zum performativen Gestus der zahlreichen Wiener Gedenkstätten in den Wohn- und Sterbehäusern von bedeutenden Musikern. Neben der Präsentation einer auf die Biographie Freuds – symbolisiert durch das Anfangs- und das Schlussbild des „photographischen Frieses"[59] der Ausstellung – fokussierten Gedenkstätte und dem darin verborgenen Narrativ der Versöhnung mit einem „wunden Punkt" der Vergangenheit bildete das Prestige der Stadt Wien als „Geburtsstätte der Psychoanalyse" einen dritten Kontext, der in den Berichten über die Eröffnung mitschwingt,

53 Hilde Spiel: Die Couch blieb in London. Sigmund Freuds Wohnung wurde Gedenkstätte. In: Frankfurter Allgemeine Zeitung, 18.6.1971.

54 Ebd.

55 Ebd. – Der Beitrag in der „Wiener Zeitung" (Wiener Freud-Museum eröffnet. In: Wiener Zeitung, 16.6.1971) verleiht der Rede Bundeskanzler Kreiskys eine andere Intention; zitiert wird seine Bemerkung zur Notwendigkeit einer „Freud-Renaissance": „Dr. Kreisky gab der Hoffnung Ausdruck, daß es zu einer Institutionalisierung jener Freud-Renaissance komme, [...] jener Renaissance der Psychoanalyse und ihrer Weiterentwicklung, von der wir uns alle so unendlich viel erwarten, weil wir glauben, daß wir nur durch die Weiterentwicklung dieser Gedanken und dieser Lehren wenigstens einigermaßen dem heute doch ausgeprägten Unbehagen an unserer gesellschaftlichen Kultur zuleibe rücken können."

56 Spiel: Die Couch blieb in London, a. a. O. – In der „Presse" (Rückkehr an den Tatort. In: Die Presse, 15.6.1971) findet sich eine ähnliche Formulierung: Anna Freud sei nun „mit Wien einigermaßen ausgesöhnt".

57 Spiel: Die Couch blieb in London, a. a. O. – Die von Hilde Spiel ambivalent beschriebene Anwesenheit von Paula Fichtl, die auch auf das Fehlen von Anna Freud bei diesem Festakt verweist, liest sich in der „Presse" als eine Szene, die Reminiszenzen an Wiener Volksstücke erweckt: „Überraschende Komplettierung wurde der Schau im letzten Augenblick zuteil: Paula Fichtl brachte aus London einen cremefarbenen Veloursshut, eine karierte Sportmütze und einen Spazierstock mit Elfenbeingriff mit. ‚Mit schönen Grüßen von Fräulein Freud. Das hat dem Herrn Professor gehört. Und sie kommt im Juli.'"

58 Unter den Exponaten der Ausstellung befindet sich etwa Freuds Reisenecessaire (Lederuntersatz mit klappbarem Spiegel, vier Glasgefäße mit Metallschraubverschluss, zwei Bürsten). Vgl. Leupold-Löwenthal, Lobner, Scholz-Strasser: Die Dokumentation des Museums, a. a. O., S. 84 (Objekt 270 A–G).

59 Wiener Freud-Museum eröffnet. In: Wiener Zeitung, 16.6.1971.

wenngleich sich dieses symbolische Kapital eher an eine internationale Öffentlichkeit richtete – denn „vor allem in Wien und Österreich, das seinen großen Sohn so ‚freudisch' verdrängt hat",[60] galt es, Freud noch zu entdecken. Demgemäß projizierte „Die Presse" das Interesse an diesem Ort vor allem auf ausländische Besucher und Besucherinnen: „Wo bisher Touristen aus aller Welt vergeblich nach Sigmund Freud fragten, werden sie nun nicht nur Antwort bekommen, sondern auch in seine ehemalige Wohnung gewiesen werden", in der sich nun eine Gedenkstätte befinde.[61]

Die sichtbaren und die verborgenen Narrative des Museums haben einen weiteren gesellschaftlichen Fluchtpunkt, der allerdings nur indirekt – mit den Hinweisen auf eine bislang fehlende Anerkennung – erwähnt wird. Am Beginn der 70er Jahre, zum Zeitpunkt der Einrichtung der Gedenkstätte (oder des Museums, die Begriffe werden in der Presseberichterstattung synonym verwendet), bezeichnet Sigmund Freud die Symbolfigur eines „Gegengedächtnisses" zu den historischen Bezugspunkten einer österreichischen Identität, das keineswegs auf allgemeine Akzeptanz stieß. Als Friedrich Heer 1974 in seinem Vorwort zur deutschen Übersetzung von William M. Johnstons „Österreichischer Kultur- und Geistesgeschichte" emphatisch von der Entdeckung eines in Österreich selbst vergessenen und verdrängten „Geisteskontinents" durch einen „amerikanischen Kolumbus" sprach, bezog er sich ausdrücklich auch auf Sigmund Freud, den „am meisten in Wien geschmähten, verleumdeten, auch heute in keiner Weise wirklich anerkannten Dichter, Denker, Mythologen, Arzt, Begründer der Psychoanalyse".[62] Einige Jahre später hatte sich nach Meinung Heers an diesem Befund wenig geändert: In seinem *opus magnum* „Der Kampf um die österreichische Identität" nannte Heer die mangelnde Anerkennung der Psychoanalyse als einen der Einflussfaktoren für die problematischen Aspekte der „österreichischen Identität": Im „Heimatland der Psychoanalyse" habe eine „wirkliche Rezeption als schöpferische Aufnahme und Auseinandersetzung mit Freud [...] nicht stattgefunden".[63]

Es bedurfte offenkundig eines weiteren Anstoßes von außen, und zwar durch den amerikanischen Historiker Carl E. Schorske, um das Wien der Jahrhundertwende neu zu entdecken und die Ikonen seiner Kultur- und Geistesgeschichte in das Gedächtnis der Stadt einzuschreiben[64] – zu einem Zeitpunkt, als das traditionelle historische Selbstverständnis der Bundeshauptstadt, etwa als Bollwerk des christlichen Abendlandes in den Türkenkriegen, brüchig wurde. Mit der Ausstellung „Traum und Wirklichkeit" im Künstlerhaus im Jahr 1985 hatte „Wien um 1900" als ein neuer Mythos Fuß gefasst, an dem die Vorstellung einer glänzenden Vergangenheit angelagert werden konnte und dessen visuelle Icons (z. B. die Architektur des Jugendstils) rasch im Bildgedächtnis der Stadt einen zentralen Stellenwert einnahmen; ein Abschnitt (im Katalogbuch das 9. Kapitel) widmete sich Sigmund Freuds „Traumdeutung".[65] Dass Freud seit den 80er Jahren als Fixpunkt sowohl in eine kritische Perspektive auf die österreichischen Gedächtnisorte als auch in ein „heritage"-Konzept integriert worden ist, geht u. a. daraus hervor, dass das Stichwort „Sigmund Freud" in ein Kompendium der Elemente österreichischer Selbstinszenierungen[66] ebenso Aufnahme fand wie die „Traumdeutung" in die Ausstellung des Wiener Historischen Museums über

60 Rückkehr an den Tatort. In: Die Presse, 15.6.1971.

61 Ebd.

62 Friedrich Heer: Entdeckung eines Kontinents. In: William M. Johnston: Österreichische Kultur- und Geistesgeschichte. Gesellschaft und Ideen im Donauraum 1848 bis 1938. 3. Aufl. Wien, Köln, Weimar: Böhlau 1992, S. 13–17. (Die amerikanische Ausgabe erschien 1972 unter dem Titel „The Austrian Mind – An Intellectual and Social History 1848–1938", 1. dt. Aufl. 1972, 2. Aufl. 1980.)

63 Friedrich Heer: Der Kampf um die österreichische Identität. Wien, Köln, Graz: Böhlau 1981, S. 17 f.

64 Carl E. Schorske: Wien. Geist und Gesellschaft im Fin de Siècle. München, Zürich: Piper 1997. (Die amerikanische Originalausgabe erschien 1980 unter dem Titel „Fin-de-Siècle Vienna – Politics and Culture", die deutsche Erstausgabe 1982.) Schorske rekonstruiert die intellektuelle und künstlerische Elite Wiens um 1900, als die Stadt als eines der geistigen Zentren Europas galt. In den einzelnen Kapiteln werden u. a. Gustav Klimt, Otto Wagner, Hugo von Hofmannsthal Arthur Schnitzler, Oskar Kokoschka und Sigmund Freud (Kapitel IV: Politik und Vatermord in Freuds „Traumdeutung") behandelt.

65 Vgl. Traum und Wirklichkeit. 1870–1930. 93. Sonderausstellung des Historischen Museums der Stadt Wien im Künstlerhaus. 28. März – 6. Oktober 1985. Wien: Eigenverlag der Museen der Stadt Wien 1985.

66 Vgl. Breuss, Liebhart, Pribersky: Inszenierungen, a. a. O., S. 134. Die Autoren heben vor allem die „inzwischen zu einer ganzen Bibliothek angewachsenen Darstellungen der Verbindungen und Verwerfungen zwischen der Freudschen Psychoanalyse und Österreich" hervor.

„Wiens Beitrag zum Welterbe“, die anlässlich der Jahrtausendwende einen Kanon an historischen Bezugspunkten der Stadt formulierte.[67]

Die Transformationen des Gedächtnisortes Sigmund Freud in der Wiener bzw. österreichischen Erinnerungskultur hat auch der Berggasse 19 neue Bedeutungsdimensionen verliehen, die diesen Ort vor der Erstarrung als eine museale Gedenkstätte bewahren und in die gegenwärtigen Fragen an und Kontroversen um die österreichische „Vergangenheitsbewältigung“ integrieren. Mit der Berggasse 19 lassen sich identitätsstiftende „heritage“-Konzepte ebenso verknüpfen wie die Forderung nach einem kritischen Umgang mit der Vergangenheit. Insofern ist dieser Ort nicht mehr allein als „birthplace of psychoanalysis“ konnotiert, sondern auch als ein Fixpunkt in der Topographie des „jüdischen Wien“[68] und, darüber hinaus, einer identitätsstiftenden Wiener Gedächtniskultur: als einer jener Bezugspunkte, die ein neues historisches Selbstverständnis der Stadt Wien artikulierbar machen – eine Kultur des Erinnerns, in der sich der Stolz auf ein bedeutendes „Erbe“ mit der Pflicht zum Eingedenken an die wunden Punkte der eigenen Geschichte verbindet. So heißt es in den einführenden Worten des Wiener Bürgermeisters Michael Häupl zu der vom Wiener Fremdenverkehrsverband herausgegebenen Broschüre „Freud“: „Kaum eine der großen Persönlichkeiten dieses Jahrhunderts gehört so zu Wien wie Sigmund Freud. 78 Jahre lang lebte er in Wien, und hier schuf er das große Gedankengebäude der Psychoanalyse, die in ihrer faszinierenden Vielfalt schon bald eine weltweite Bewegung werden sollte. [...] Die Stadt Wien hat sich bemüht, dem Andenken des großen Humanisten Sigmund Freud Rechnung zu tragen. Wenn wir aber heute seine Spuren in unserer Stadt verfolgen, dann mischt sich in den Stolz, daß der Name Wiens so wie der Sigmund Freuds auf immer mit der Psychoanalyse verbunden ist, auch die Trauer und die Nachdenklichkeit über das Schicksal jener zehntausender Österreicher, denen das ‚Glück, in Freiheit sterben zu können‘, nicht mehr zuteil geworden ist.“[69]

Analog zu den Veränderungen im Feld der österreichischen „Vergangenheitsbewältigung“ hat auch das Freud-Gedächtnis in den letzten Jahren neue Codierungen erfahren. Die Vertreibung und Ermordung der jüdischen Österreicher und Österreicherinnen, die Ausschreitungen beim „Anschluss“ Pogrom im März 1938 als ein spezifisch österreichischer Beitrag zur Radikalisierung der nationalsozialistischen Vernichtungspolitik lassen sich ebenso mit der Biographie Freuds verknüpfen wie gegenwärtige Debatten um die „Arisierung“ jüdischen Vermögens und die unterlassene bzw. unangemessene materielle Restitution nach 1945.

Das „Gedächtnis der Dinge“ und sein subkutanes, transgenerationelles Weiterwirken als „Stachel“ im Nachkriegskonsens des „Vergessens“[70] lässt sich aber auch an den Räumlichkeiten des Freud-Museums selbst ablesen – als eines jener verborgenen Narrative, die den Ort und seine Wahrnehmung strukturieren, aber nicht explizit „ausgestellt“ werden. Die Jahre nach dem Tod Sigmund Freuds, im Museum selbst nicht thematisiert, erschließen sich indirekt aus den unterschiedlichen Raumkonzepten, mit denen der Besucher, die Besucherin konfrontiert ist. Die Inhomogenität der räumlichen Gestaltung, von der auratisch aufgeladenen Ausstellung im ehemaligen Praxisbereich zu den nüchtern-funktional genutzten Räumlich-

67 Vgl. Die Kunst, als Mensch menschlich zu leben ... Wiens Beitrag zum Welterbe – 2000 und mehr. 272. Sonderausstellung des Historischen Museums der Stadt Wien. Wien: Eigenverlag der Museen der Stadt Wien 2001, S. 71. (Ausgestellt wurde die Erstausgabe der „Traumdeutung“.)

68 Janos Kalmar, Andreas Stalzer: Das jüdische Wien. Wien: Pichler 2000, S. 29–31.

69 Geleitwort von Michael Häupl. In: Freud. Hg. vom Wiener Fremdenverkehrsverband. Wien o. J., S. 2.

70 Zum transgenerationellen Nexus von Gedächtnis und Eigentum vgl. Dan Diner: Gedächtnis und Restitution. In: Volkhard Knigge, Norbert Frei (Hg.): Verbrechen erinnern. Die Auseinandersetzung mit Holocaust und Völkermord. München: Beck 2002, S. 299–305.

keiten der ehemaligen Privatwohnung, die 1986 von der Sigmund Freud-Gesellschaft erworben wurde[71] und wo heute die Anna-Freud-Gedenkräume, die Bibliothek und die Kunstsammlung[72] untergebracht sind, verweist, auch wenn dies nicht entziffert werden kann, auf die sukzessiven Erwerbungsschritte und damit auch auf Vertreibung, „Arisierung" und die Frage nach den Besitzverhältnissen in der Zeit nach 1945.

Genau diese Dimension hat die ursprüngliche Museumsgestaltung mit der originalgetreuen Wiederherstellung der Räumlichkeiten zu verwischen versucht. Hilde Spiel war die Einzige, die bereits anlässlich der Museumseröffnung dieses verborgene Narrativ – die Geschichte des Hauses, seiner jüdischen Mieter und Mieterinnen, die Frage, wer denn nach 1945 in diesen Wohnungen gelebt hatte und wie die nunmehrigen Bewohner und Bewohnerinnen dieses Hauses am Beginn der 70er Jahre wohl auf die Errichtung einer Gedenkstätte für eine 1938 vertriebene Familie reagiert haben – angesprochen hat: „Auf dem Türschild stand ‚Prof. Dr. Freud. 3–4'. Das sah aus, als hätte er die Wohnung bei Lebzeiten nicht verlassen, als wäre sie in der Obhut seiner Familie geblieben, das Schild aus Pietät niemals entfernt. Nun, die Welt weiß, wie anders es kam. Die exemplarische Geschichte dieser Räume im Mezzanin der Berggasse 19 ist ihr nicht bekannt. Wie der spätere Gründer der Psychoanalyse sie in den achtziger Jahren betrat, als noch der Mitbegründer der Sozialdemokratischen Partei Österreichs Victor Adler in ihnen hauste, wie er sie 1891 dann selbst bezog. Und wie, nachdem er 1938 aus ihnen vertrieben worden war, die folgenden Mieter darin wohnten: Juden, die auf ihren Abtransport warteten; dann die SS; dann Russen; dann verschleppte Personen; dann Heimkehrer aus dem ‚Altreich', dann zwei Wiener Familien, denen man sie erst nach Jahren abzulösen imstande war. Nun liegt sie scheinbar unschuldig da, die Wohnung Nummer 6: gesäubert, renoviert, tapeziert."[73]

Die „Topografie des Raubes" (Stephan Templ, Tina Walzer) als eines der verborgenen Narrative des Freud-Museums, die Frage, wer sich in den Wohnungen, Geschäften etc. von mehr als 65.000 ermordeten und rund 130.000 vertriebenen jüdischen Wienern und Wienerinnen nach 1945 niedergelassen hatte, als wäre nichts geschehen, bildet erst in jüngster Zeit eine Quelle der Irritation für die österreichische „Vergangenheitsbewältigung". In „Unser Wien", einer Rekonstruktion jener Orte des „jüdischen Wien", die während der NS-Zeit enteignet und deren Restitution bis heute weitgehend unterblieben ist, wird jene Wienerin, die bis 1986 in der ehemaligen Wohnung Freuds lebte, folgendermaßen zitiert: „Mein Gott, die Wohnung war frei. Wir haben gesehen gehabt, die Wohnung ist frei. [...] Die Wohnung war ganz frei. Völlig leer. Da war überhaupt niemand drinnen. Das war damals so. Das war so einfach. Das hat ja kein Problem gegeben."[74]

Den verborgenen Narrativen, dem Abwesenden und den Leerstellen einer Gedächtnislandschaft fehlt die Qualität eines repräsentativen Zeichens, mit dem sich Einstellungen und Werthaltungen in Bezug auf die Vergangenheit ausdrücken und öffentlich kommunizieren lassen. Mittlerweile haben die partiellen Neucodierungen des Gedächtnisortes Sigmund Freud allerdings bereits sichtbare Spuren im räumlichen Umfeld des Freud-Museums selbst hinterlassen:

71 Die Finanzierung dieses Ankaufs erfolgte durch den Erlös des Benefizkonzertes, das Leonard Bernstein 1985 zugunsten der Sigmund Freud-Gesellschaft im Wiener Musikvereinssaal gegeben hatte, sowie durch Unterstützung des Bundesministeriums für Wissenschaft und Forschung und der Gemeinde Wien. Vgl. Scholz-Strasser: Berggasse 19, a. a. O., S. 10.

72 Anlässlich der Wiederkehr des 50. Todestages Sigmund Freuds hatten auf Initiative von Joseph Kosuth sieben international renommierte Künstler und Künstlerinnen – John Baldessari, Pierpaolo Calzolari, Georg Herold, Jenny Holzer, Ilya Kabakov, Joseph Kosuth und Franz West – jeweils ein Werk der Sigmund Freud-Gesellschaft gewidmet; die Sammlung wurde am 23. September 1989 der Öffentlichkeit präsentiert. Vgl. ebd.

73 Spiel: Die Couch blieb in London, a. a. O.

74 Zitiert nach Tina Walzer, Stephan Templ: Unser Wien. „Arisierung" auf österreichisch. Berlin: Aufbau 2001, S. 185.

Mit dem Erwerb des ehemaligen Geschäftslokals von Siegmund Kornmehl, der im Erdgeschoss der Berggasse 19 eine koschere Fleischhauerei betrieben hatte, und seiner künstlerischen Gestaltung durch den amerikanischen Konzeptkünstler Joseph Kosuth verband sich ein neuer „Entwicklungsschritt des Freud-Museums", das damit „erstmals den öffentlichen Raum der Berggasse [erobert]", und „die Auseinandersetzung mit der Geschichte dieses Hauses [beginnt]."[75] Die temporäre Installation „Ansicht der Erinnerung – A View to Memory" verwendet Engelmans historische Aufnahme der Fassade der Berggasse 19 vom Mai 1938.[76] Während sich bislang die Wahrnehmung des Bildes auf die Biographie Freuds bzw. auf die Hakenkreuzfahne über dem Eingangstor zu seinem Wohnhaus bezieht, wird nun das Schicksal der Familie Freud in Verbindung mit jenem der Bewohner und Bewohnerinnen dieses Hauses gebracht. Damit wird dem mit der Berggasse 19 verknüpften Palimpsest von Narrationen ein neues Motiv eingeschrieben: Über die Bedeutungsschichten eines im internationalen Rahmen bedeutsamen „Geburtsortes der Psychoanalyse" oder eines Gedächtnisortes für eine Ikone der Wiener Kultur- und Geistesgeschichte wird nun ein „Tatort" der österreichischen Mitverantwortung an der nationalsozialistischen Vernichtungspolitik kenntlich gemacht.

75 Vgl. Roman Freihsl: Ein Fleischer und die Analyse. In: Der Standard, 2.5.2002. – Dazu erklärte Inge Scholz-Strasser, die Direktorin des Freud-Museums, in Bezug auf die Ausstellung „Freuds verschwundene Nachbarn", die sich damit beschäftigt, „was mit diesem Haus nach 1938 geschah": „Diese Installation ist gleichzeitig auch ein Blick in die Zukunft. [...] Denn derzeit endet das Bewusstein für diesen Ort mit der Emigration Freuds."

76 Vgl. Joseph Kosuth: The Text Between Memory and the Photograph. In: Newsletter des Sigmund Freud-Museums, 1/2002, S. 20–24.

Felix de Mendelssohn

Erben der Vernichtung

Die österreichische Psychoanalyse und die Nachkommen der Überlebenden

Die historische Entwicklung

Lange, sehr lange hat die österreichische Nachkriegspsychoanalyse sich wenig oder gar nicht zu den seelischen Folgen geäußert, die bei den Familien von Überlebenden des Holocaust hervortreten können. Abgesehen von einigen wenigen Arbeiten wurde das Thema bis in die späten 80er Jahre hinein kaum zur Kenntnis genommen.[1] Dann allerdings – der Präsidentschaftswahlkampf Kurt Waldheims bildete den Auftakt dazu – begann eine lange und schwierige interne Debatte, die sich bis heute nicht erschöpft hat und sich gesellschaftlich in den Diskussionen um öffentliche Mahnmale und materiell in den Restitutionsverfahren widerspiegelt.

Warum dieses fast 40-jährige Schweigen? Zwei Gründe scheinen dafür auf den ersten Blick ausschlaggebend. Zum einen war die österreichische Psychoanalyse der Nachkriegszeit, genau wie die sie umgebende Gesellschaft, vor allem mit ihrem eigenen Wiederaufbau beschäftigt. Waren es zunächst eine Hand voll Analytiker, die sich aus unterschiedlichen Gründen in Österreich nach Kriegsende befanden oder einfanden, um sich diesem Wiederaufbau zu widmen, dauerte es bis in die 70er Jahre, bis richtige Ausbildungsinstitute entstanden und ein größerer Zustrom von Kandidaten einsetzte. Er bestand vor allem aus kritischen Psychiatern und Psychologen, enttäuschten Theologen, frustrierten und nachdenklichen Pädagogen, Sozialarbeitern und Sozialwissenschaftlern (die Adjektiva kann man hin- und herschieben), kurzum die 68er-Generation, die in der Psychoanalyse ein Werkzeug der Aufklärung und der Emanzipation wiederentdecken wollte.

Zum zweiten Grund für dieses Schweigen: Die erste Generation der Überlebenden von Verfolgung und Vertreibung nach Kriegsende – ob aus dem KZ, dem Versteck oder dem Exil zurückgekehrt – war selbst kaum an ein Er-Innern als Psychotherapie ihrer seelischen Störungen interessiert. Sie wollte vielmehr all diesen Erinnerungen entkommen, sich normalisieren, integrieren, sie wollte zumeist nur eines – nicht zu sehr „auffallen". Dies war ein Überlebensprinzip aus der Zeit der Verfolgung, gerade in den Lagern war es oft lebenswichtig gewesen,[2] und es hatte sich, wie manche andere vorbewusste Verhaltensweise aus jener Zeit, quasi bruchlos in die Nachkriegszeit hinübergerettet. Die erste Generation sah die Erlösung von ihren eigenen seelischen Qualen, Konfusionen, Verdrängungen und Abspaltungen nicht in der Arbeit mit einem Psychotherapeuten, sondern setzte meist ihre ganze Hoffnung auf ein „Anderswerden" in ihre eigenen Kinder.

Diese „zweite Generation" empfindet im Gegensatz zu ihren Eltern das Bedürfnis nach, ja sogar die Unabdingbarkeit der Erinnerung, um ihre seelischen Probleme zu bewältigen. Der traumatische Riss in ihrer Herkunftsgeschichte, der von ihren Eltern erlebt

1 Zum Beispiel Elisabeth Brainin, Alfred Springer: KZ-Haft und Störungen der Nachfolgegeneration. In: Mitteilungen der internationalen Föderation der Widerstandskämpfer (FIR) zu medizinischen, sozialen und Rechtsfragen, Heft 17 (1980); Hedwig Francesconi: Extremtraumatisierung und ihre Folgen für die nächste Generation. Wien: Sensen 1983.

2 Bruno Bettelheim: Aufstand gegen die Massen. Die Chance des Individuums in der modernen Gesellschaft. Übersetzt von Herman Schroeder und Paul Horstrup. München: Kindler 1980.

und erfahren wurde, ist für sie zu einem tiefen, unerklärlichen Riss in ihrer eigenen Persönlichkeit geworden. Viele von ihnen leiden unter schweren Störungen ihres Selbst- oder Identitätsgefühls, was am besten mit dem Wort zu kennzeichnen ist, das Ruth Beckermann dafür geprägt hat – *unzugehörig*[3].

Die Symptome sind unterschiedlich: Depression und Depersonalisation, Neigung zu Perversionen oder Süchten, auch Arbeitssucht, um die perversen Tendenzen zu verdecken, ein Hang zu Extremsituationen und Selbstgefährdungen und fast immer Partnerprobleme, Schwierigkeiten mit der sexuellen Identität und mit Nähe in intimen Beziehungen, denen sie mit extremen Abhängigkeits- und Kontrollbedürfnissen begegnen. Aber dahinter wird etwas Gemeinsames sichtbar, eine zutiefst verunsicherte psychische Struktur, als sei man zum Träger eines Rätsels oder Geheimnisses „auserkoren" worden, rätselhaft für andere wie für sich selbst – ein Geheimnis, über das nicht gesprochen wird, das mit Angst, Tod und Schuldgefühl zu tun hat.

Solche Patienten kamen erst in den 70er Jahren in die Einzel- und Gruppenbehandlungen der Psychoanalytiker, zur gleichen Zeit, als die österreichische Psychoanalyse selbst damit beschäftigt war, durch eine „zweite Generation" ihren gesellschaftlichen Platz wieder einzunehmen. Es waren jene Jahre Kreiskys, als der Papst über Österreich sagte, das Land sei eine „Insel der Seligen". Alle schienen miteinander auch darüber selig zu sein, dass es keinen Antisemitismus in Österreich mehr gab, mehr geben konnte, wo man doch nun einen allseits verehrten jüdischen Bundeskanzler hatte. Aber es zogen bereits Wolken am Horizont auf.

Kreiskys Hofierung des Ex-SS-Mannes Friedrich Peter von der FPÖ, seine untergriffigen Attacken auf Simon Wiesenthal, sein Innenminister Otto Rösch, der ein Exnazi war, all das machte den in Österreich lebenden Juden viel mehr Sorgen als die palästinenserfreundliche Außenpolitik. In der Folge kamen noch seltsame Fehlhandlungen dazu, wie die Begrüßung des heimkehrenden Kriegsverbrechers und Schlächters von Marzabotto, Major Walter Reder, am Flughafen durch Friedhelm Frischenschlager, einen FPÖ-Minister in der Koalitionsregierung, die auf Kreisky folgte.

Damals moderierte ich im Fernsehen eine „Club 2"-Sendung zu dieser „Reder-Affäre" und bekam darauf mit der Post alarmierende Reaktionen. Zum ersten Mal, seit ich in Österreich lebe, hörte ich offen geäußerte antisemitische Drohungen und Beschimpfungen. Aber es waren auch Briefe darunter von Überlebenden aus den KZ oder von jüdischen Menschen, die als U-Boote den Krieg im Versteck erlebt hatten und anscheinend immer noch vorzogen, so in Österreich weiterzuleben, denn sie schrieben sinngemäß: „Bitte, wir wollen keine Diskussionen zu diesen Themen, wecken wir keine schlafenden Hunde. Seit über solche Dinge geredet wird, fürchten wir uns im Stiegenhaus vor den Blicken der Nachbarn, vor kurzem ist sogar ein Hakenkreuz an die Wand gemalt worden." Auch in der Nähe meiner Praxis waren auf der Mauer eines Gemeindebaus SS- und Hakenkreuzschmierereien aufgetaucht, die meine jüdischen Patienten besonders beunruhigten und erst nach Monaten und mehrmaligen Eingaben an den Magistrat wieder beseitigt wurden.

In den 80er Jahren löste sich das unheimliche Intervall des kollektiven und konsensuellen Schweigens in Österreich über die Nazizeit

3 Ruth Beckermann: Unzugehörig. Wien: Löcker 1989.

und ihre Verbrechen endgültig auf. Mit dem Präsidentschaftswahlkampf Kurt Waldheims und dem Aufstieg Jörg Haiders in der FPÖ war auf einmal salontaugliches Gespräch geworden, was vorher nur ein unhörbares Munkeln gewesen war. Es gab – wieder – Antisemitismus auch in Psychoanalysen.

Zeitgleich kamen drei Prozesse in Gang. Die Kinder der Überlebenden bemühten sich, die verschütteten Erinnerungen ihrer Eltern auszumachen, die im Gestrüpp ihrer eigenen Phantasien und ausagierenden Wiederholungen eingesperrt waren. Parallel dazu begann man in den beiden großen Wiener psychoanalytischen Ausbildungsinstituten deren Gründerväter als Zeitzeugen zu befragen, um die eigene Entstehungsgeschichte allmählich etwas transparenter werden zu lassen. Nach der Waldheim-Wahl bildete sich eine Arbeitsgruppe von Wiener Psychoanalytikern, Juden und Nichtjuden, um gemeinsam ein Thema zu erforschen: Wann und wie kamen in unseren psychoanalytischen Behandlungsstunden (mit Patienten ebenfalls unterschiedlicher Herkunft) antisemitische Affekte zum Vorschein, wann wurden sie als solche wahrgenommen und warum? Diese fruchtbare, aber oft spannungsreiche Zusammenarbeit hat wichtige Beiträge geliefert, ließ aber auch erstmals den Umriss unseres ganzen Unwissens wirklich sichtbar werden.[4]

Unsere Arbeitsgruppe hatte sich nicht zum Ziel gesetzt, die Auswirkungen des Holocaust auf die nächste Generation der Überlebenden zu untersuchen. Wir wollten eigentlich ganz allgemein den antisemitischen Affekt und die ihn begleitenden Phantasien studieren, so wie sie im speziellen Rahmen der Übertragungsbeziehung zur Psychoanalyse und zum Analytiker zum Vorschein kamen. Unterstützt wurden wir dabei durch ausländische Gäste, die uns gelegentlich besuchten, wie Mortimer Ostow aus New York oder Janine Chasseguet-Smirgel und Bela Grunberger aus Paris.

Dabei konnten wir schärfer ins Blickfeld bekommen, wie in den Analysen mit Patienten verschiedener Herkunft ganz übliche und meist notwendige negative Übertragungsreaktionen – Hass und Neid auf den Analytiker etwa, das Entwerten und Verächtlichmachen seiner psychoanalytischen Arbeit oder Angst vor seinen Racheimpulsen – von einem latenten Antisemitismus historisch überschattet wurden, was aber äußerst tabuisiert und kaum zu besprechen war.

Jene Assoziationen unserer Patienten, die mit der Judenvernichtung verbindungsfähig sein könnten, erscheinen ihnen oft fast unerträglich oder ganz unwirklich. Brainin et al. haben dazu ihre Vermutung geäußert, dass die entwicklungsmäßig normalen sadomasochistischen Phantasien, die um Demütigung, Entwertung und Vernichtung kreisen, seit Auschwitz aufgrund ihres geschichtlich real gewordenen Gehaltes viel schwerer zu analysieren sind.[5] Eine bleibende psychische Folge der Naziherrschaft liegt darin, dass im Dritten Reich eine halbwegs sichere Grenze zwischen Phantasie und Realität – vor allem in Bezug auf Demütigungs- und Vernichtungsvorstellungen – kollektiv gestört und verunsichert wurde. Solche Vorstellungen werden bis heute in den Analysen oft verschwiegen, verdrängt, letztlich eher agiert als ausgesprochen und integriert. Die realen Schrecken der Geschichte können eine klare innere Trennung zwischen dem Gedanken und der Wirklichkeit der Tat bis heute noch schwer beeinträchtigen.

4 Elisabeth Brainin, Vera Ligeti, Samy Teicher: Vom Gedanken zur Tat: zur Psychoanalyse des Antisemitismus. Frankfurt am Main: Brandes & Apsel 1993.

5 Ebd.

Die seelischen Folgen der Katastrophe bei der zweiten Generation der Überlebenden

Die Sensibilisierung für diese Fragen erzwang von uns Psychoanalytikern zweierlei. Erstens mussten wir dringend weiter über unsere engen Grenzen hinausschauen und die historisch bedingten Defizite und Deformationen unserer professionellen Ausbildung anerkennen, d. h. die inzwischen umfangreiche und detaillierte Literatur zu dieser Thematik rezipieren, die größtenteils in Amerika und in Israel publiziert worden war.

Zweitens – und noch viel wichtiger – begannen wir unseren Patienten viel genauer zuzuhören, um den schwierigen Verschränkungen der Vergangenheit ihrer Eltern und Großeltern mit ihrer eigenen Gegenwart in ihren Assoziationen und Verhaltensweisen nachzuspüren. Mit etwas Beschämung denke ich heute daran, wie leicht einem die unempathische und eher oberflächliche Diagnose der „Hysterie" über die Lippen gekommen war. Gewiss, die Symptome der Patienten hatten meist hysterischen Charakter, und alle wiesen sie ein bestimmtes Merkmal der hysterischen Erkrankung auf, nämlich die besonders starken und unaufgelösten unbewussten Identifizierungen mit ihren Eltern und Großeltern. Aber für die volle Dimension der traumatischen Ursprünge dieser „Hysterien" hatten wir kein Gefühl erworben. Vielmehr haben wir uns eher dagegen gewehrt, bei Freuds erster Traumatheorie der Neurosen wieder zu beginnen.[6]

Diese Patienten waren nicht nur mit den real erlebten Traumata ihrer Eltern und Großeltern identifiziert, sondern hatten selbst meist als Kleinkinder eine Form von kumulativer Traumatisierung erlitten. Immer wieder hören wir in ihren Analysen auch über Mütter, die rasch nach der Geburt des Säuglings wieder zu arbeiten beginnen oder ihre Kinder sehr früh ins Internat wegschicken und damit das Familientrauma des Verlassenwerdens wiederholen. Vordergründig geschieht dies, damit die Kinder eine bessere Bildung bekommen oder weil sie unabhängiger werden sollen, aber viele dieser Mütter müssen große Zweifel gehabt haben, ob sie nicht mit ihrer eigenen unaufgelösten Trauer die Kinder im täglichen Umgang zu sehr belasten würden.

Gleichzeitig ist das Weggeben oder Fortschicken des Kindes mit den größten Verlustängsten verbunden, wie eine Botschaft an das Kind: „Sei frei und unabhängig, aber du darfst mich niemals verlassen!" Die fundamentalen Erfahrungen des Gehalten- und Losgelassenwerdens werden untergraben und das Bild, das bleibt, ist das Bild von einer Person, die dem Kind seine Wünsche und Ängste nicht widerspiegeln kann, eine Bezugsperson ohne Tiefendimension, irgendwie opak. Für das Kind wird diese Doppelmühle von Ermutigung zur Individuation und obsessiver Klebrigkeit zu einem Verwirrspiel um das eigene Selbstgefühl. Gampel schreibt davon, dass die überlebenden Eltern Träume und Phantasien mit ihren Kindern teilen würden, um die Gefühle von Einsamkeit und Verlassenheit zu verleugnen, Phantasien, dass die Kinder – oft nach Großeltern oder Großonkeln und -tanten benannt – immer bei den Eltern gewesen sind, noch bevor sie geboren wurden.[7]

Nun mag man hier einwenden, dass jene Patienten aus der zweiten Generation der Überlebenden, die sich an Psychoanalytiker

6 Sigmund Freud: Zur Ätiologie der Hysterie. In: Ders.: Gesammelte Werke. Bd. I. Frankfurt am Main: Fischer 1972, S. 423–460.

7 Yolanda Gampel: L'effrayant et le menaçant: de la transmission à la répétition. In: Psychoanalyse à l'Université, 11 (1986), S. 87–102.

wenden, nicht unbedingt typisch sind. Es könnte genug andere Nachkommen geben, die keine auffälligen psychischen Störungen davongetragen haben. Dieses Argument hat wie immer seine Berechtigung, aber in diesem Fall gilt es, drei Einschränkungen hervorzuheben.

1. Viele Kinder von Überlebenden sind von ihren Eltern mit besonders hohen narzisstischen Erwartungen und einer hervorragenden Ausbildung ausgestattet worden. Infolge ihrer erzwungenen Frühreife – sie mussten oft schon als Kinder ihre Eltern so behandeln, als ob diese Kinder oder „Patienten" wären – können sie beruflich besonders erfolgreich werden. Ihr Leidensdruck ist unsichtbarer, nur gelegentlich spürbar in der Leere ihrer Gier nach – und ihrer Abscheu vor – emotionaler Intimität. Sie haben auch das Gebot der „Unauffälligkeit" von ihren Eltern übernommen, was sie zu einem fortwährenden Kaschieren ihrer depressiven Verstimmungen und destruktiven Impulse nötigt. In ihrem manchmal chamäleonartigen Bestreben nach perfekter Anpassung an ihre Umgebung gibt es für sie wenig Gelegenheit, aus einem unterschwelligen Würgegriff der Fremdbestimmtheit auszubrechen. Dass sie kaum oder nur als letzte Rettung, wenn alles scheitert, den Psychoanalytiker aufsuchen, sagt wenig über ihre seelische Gesundheit aus.

2. Meines Wissens ist der Anteil der hier wohnenden jüdischen Nachkommen der Überlebenden in den psychotherapeutischen Praxen ohnehin ein besonders hoher, und er wäre vielleicht noch höher, wenn es mehr jüdische Therapeuten gäbe. „Weiter leben"[8] in diesem Wien, das von manchen als heimliche Welthauptstadt des Antisemitismus bezeichnet wird, „im Land der Täter"[9], das muss bei diesen Menschen besondere Identitätsverunsicherungen hervorrufen. Vergessen wir nicht, dass in Wien nur eine kleine Parkanlage nach Sigmund Freud benannt worden ist, die obendrein keine Postadresse hat, während der Altbürgermeister Karl Lueger, der den Antisemitismus als offene politische Strategie betrieb, im Stadtbild noch überall gegenwärtig bleibt. Kaum ein Verwandter oder jüdischer Bekannter aus dem Ausland, der einen da nicht fragt: „Wie kannst du hier nach all dem überhaupt noch leben?" Es ist auch die Suche nach einer Antwort darauf, die diese relativ hohe Anzahl von Patienten zur Psychoanalyse hinführt.

3. Viele dieser Patienten suchen die Analyse deshalb auf, weil sie von früh an zu einer besonderen Position in ihrer Familienkonstellation bestimmt waren. Dina Wardi nennt sie „memorial candles", „Gedächtniskerzen".[10] Wo es mehrere Kinder gibt, kann die Ambivalenz der Eltern zwischen ihrer unerledigten Trauer und ihrem Wunsch, zu vergessen und vorwärts zu streben, in der nächsten Generation aufgespalten werden. Eines der Geschwister wird somit zum Träger für alle Sorgen um die Familie, um die Familiengeschichte und um die Geschichte ihres Verschwindens, während die anderen, quasi davon „befreit", sich ihrer Anpassung und ihrer Assimilierung widmen können. Solche „Gedächtniskerzen" scheinen die ganze Last der Familie zu tragen. Sie kümmern sich nicht nur wesentlich mehr um ihre realen Eltern als ihre Geschwister, sie sind auch innerlich von den erzählten und den verschwiegenen Geschichten ihrer Eltern besetzt oder sogar wie davon besessen. Sie zeigen meist als die Einzigen in der Familie Interesse an Literatur

8 Ruth Klüger: weiter leben. Göttingen: Wallstein 1992.

9 Susann Heenen-Wolff: Im Land der Täter: Gespräche mit überlebenden Juden. Frankfurt am Main: Fischer 1994.

10 Dina Wardi: Memorial Candles: Children of the Holocaust. London: Routledge 1992.

oder Sendungen über den Holocaust und leiden offener an depressiven Gefühlen der Hoffnungslosigkeit, der Scham und der Demütigung, wenn sie von beruflichen oder privaten Rückschlägen betroffen sind.

Einzelkinder eines Elternpaares von Überlebenden kommen womöglich noch viel früher in Psychotherapie, weil sie die gesamte Ambivalenz allein austragen müssen und diese Konflikthaftigkeit kaum ohne Hilfe durchstehen (immerhin hatten die Eltern einander dafür). Mit einem Therapeuten kann es gelingen, solche Aufspaltungen überhaupt erst in Gang zu setzen, um die innere Konfusion zu verringern. Dann ist einmal der Therapeut der Träger des Schreckens, der drohende Schatten der Vernichtung, und der Patient ist davon befreit, bis sich das Verhältnis wieder umkehrt. Das ermöglicht die Erfahrung, beides in sich zu tragen, Täter- und Opfersein. Die inneren Szenarien von Verfolgung, Demütigung und Hoffnungslosigkeit entfalten sich in einem Raum, wo sie Bedeutungen erhalten. Sie können erkannt und allmählich integriert und sublimiert werden.

Es ist bereits viel über die Täter-Opfer-Dialektik im seelischen Haushalt der Familien Überlebender diskutiert und geschrieben worden. Solche Szenen, wie sie Woody Allen im Film darstellt, wenn eine Mutter ihr Kind, das nicht schnell genug beim Geschirrtrocknen hilft, mit den Worten anschreit: „Du bist wie Hitler! Schlimmer noch als Eichmann!", sind tatsächlich oft in solchen Familien vorgekommen; Wutanfälle und Prügelorgien sind keine Seltenheit. Man hat über die „Identifizierung mit dem Aggressor" geschrieben – wohl nirgendwo so anschaulich und aufwühlend wie im „Roman eines Schicksallosen"[11] – und auch über die „Überlebensschuld". Dina Wardi erinnert uns daran, wie zwiespältig für die meisten Überlebenden nach Kriegsende das Gefühl gewesen sein muss, selbst ungeschützt und verlassen worden zu sein und dennoch andere nicht geschützt, sondern verlassen zu haben, daher also selbst Opfer und Täter in einem zu sein.[12] Sie weist darauf hin, dass das „Überlebenstraining" der Überlebenden auch darin bestanden hatte, vor allem in gefährlichen Notsituationen gut zu funktionieren. Dies kann sich auf ihre Kinder übertragen, die ähnliche Szenarien im eigenen Leben hervorrufen, als „Transposition" des Traumas, und vielleicht weil sie sich dabei lebendiger fühlen können. Im „Normalzustand" operieren sie wieder mit Verdrängungen und Abspaltungen der unbewussten Täter-Opfer-Dynamik, und die Schuldgefühle verursachen einen neuen Zyklus: zwanghaftes Grübeln, depressive Leere, sexuelles Ausagieren usw.

Man kann sogar davon sprechen, dass eine Art Identifizierung mit dem Tod, als Schutz und als Abwehr, stattgefunden hat. In analytischen Gruppen mit Teilnehmern aus der zweiten Generation ist am Anfang oft eine schweigsame, hoffnungslose Stimmung spürbar. Wenn so etwas wie ein Gespräch aufkommt, kann es sich um ein Begräbnis, eine tödliche Erkrankung oder Ähnliches handeln. Wir können das mit dem Konzept der „projektiven Identifizierung" verstehen: Der Therapeut soll spüren, durch den Sog der Gruppe in sich erleben können, wie diese tote leere Stelle in der inneren Welt der Teilnehmer Platz greifen kann.

Aber wir verstehen diese Identifizierung mit dem Tod auch als Schutz gegen die schrecklichen Erlebnisse ihrer Eltern, von denen sie

11 Imre Kertesz: Roman eines Schicksallosen. Reinbek bei Hamburg: Rowohlt 1996.

12 Wardi: Memorial Candles, a. a. O.

nur die Hälfte oder nur einen kleinen Teil gehört hatten. Daher kommen solche Erfahrungen umso mehr in den Phantasien vor, aber oft nur als konfuse, sexualisierte Repräsentanzen von Folter, Demütigung, Flucht oder Zerstörung.

Die Angst davor, von diesen inneren Szenarien beherrscht zu werden – oder dass sie von anderen, etwa von Kindern von Tätern und überzeugten Nationalsozialisten, für deren eigene Phantasietätigkeit instrumentalisiert werden –, aber auch die Scham darüber und die Scheu davor, sich genauer mit den wirklichen Erlebnissen der Eltern und Großeltern zu beschäftigen, lassen eine Art Totstellreflex wirksam werden. Die schwere, apathische Stimmung kann etwas Beruhigendes und Beschützendes haben. Zugleich kann sie zum Mittel werden, die anderen, den Therapeuten und die eigenen hilflosen und zerstörerischen Gefühle unter Kontrolle zu halten.

Danieli hat die Familien der Überlebenden vierfach typisiert, in die „Kämpfer", „diejenigen, die es geschafft haben", die „Opfer" (depressiv, ängstlich und sorgenvoll) und die „Betäubten", die „numb families".[13] Bei den zwei Letzteren überwiegt oft eine Obsession mit dem Überleben, etwa anhand des Essens, und eine konkretistische, pragmatische Lebenshaltung ohne Imagination, eine Art „pensée opératoire".[14] Selbsterhaltung als oberstes Prinzip lässt kaum Platz für Phantasietätigkeit. Die Fähigkeit des Ichs, Symbole zu verwenden, sich selbst und die Welt metaphorisch zu verstehen, wird beeinträchtigt, und die Eltern können nur ein Gewirr unverdauter, unsymbolisierter Erfahrungen an ihre Kinder weitervermitteln.

Die zwei ersten Familientypen glauben stärker an einen aktiven Handlungstrieb, an einen Erfolg durch Arbeit (oft als eine schmerzlich verzerrte Parodie des früheren Lagerlebens). Alles soll jetzt aber vor allem in Ordnung sein, alle sollen auch guter Stimmung sein, Depression und Selbstzweifel sind verpönt und müssen geleugnet werden.

Wie sollen die Kinder solche heroischen Eltern nachahmen können? Viele von ihnen fragen sich in der Analyse: „Wie hätte ich das alles jemals durchstehen und überleben können, wie es meine Eltern taten?" Aber äußerlich zumindest sind Kinder aus Kämpferfamilien stärker und funktionieren besser, nach dem Motto: „Wir müssen immer vorbereitet sein."

Viele Familien sind Mischtypen. Aufgrund ihrer unterschiedlichen Schicksale oder ihrer Fähigkeit zu wechselseitiger Projektion kann die Beziehung der Eltern zueinander den Kindern als Modell dafür stehen, wie man zwischen übertriebenem Selbstbewusstsein und auswegloser Verzweiflung pendeln kann. Private oder berufliche Projekte werden hoffnungsvoll in Angriff genommen und immer wieder mit Gefühlen der Ausweglosigkeit fallen gelassen. Hinter jedem optimistischen Anfang lauert ein Schatten der Sinnlosigkeit, als müssten diese Nachkommen noch einmal das Schicksal ihrer Verwandten aus der Elterngeneration erleben – abgebrochene Berufe, unerträgliche Trennungen, plötzlich eintretende Katastrophen –, um einer vermeintlichen Forderung ihrer Eltern nachzukommen: „Erlebe den Holocaust selbst und löse ihn für uns!"

Dieses Konzept einer „Transposition" traumatischer Erfahrungen bedeutet, dass in der nächsten Generation gewisse Lebenssituationen

13 Y. Danieli: Families of survivors of the Nazi Holocaust: some long and short term effects. In: Norman A. Milgram (Hg.): Psychological Stress and Adjustment in Time of War and Peace. Washington, D. C.: Hemisphere 1980.

14 Pierre Marty, Michel de M'Uzan: Das operative Denken („Pensée opératoire"). In: Psyche, 32 (1978), S. 974–984.

heraufbeschworen werden, welche die meist unausgesprochenen „eingekapselten" Schreckenserinnerungen der Eltern in konkreter Form darzustellen versuchen. Immer wieder zeugen die Lebensläufe der zweiten Generation von merkwürdigen irrationalen Brüchen, Einbrüchen und Gefährdungen, die in der Analyse erst dann verständlich werden, wenn wir die verborgene Geschichte der elterlichen und großelterlichen Familien dahinter kennen oder zumindest vermuten.

Ilany Kogan spricht hier vom Mechanismus der „Konkretisierung".[15] Sie sieht die analytische Arbeit mit diesen Patienten als die „Rekonstruktion eines gebrochenen Narrativs". Dort, wo das Narrativ der Familiengeschichte unterbrochen wurde – bei den traumatischen Erlebnissen, die nicht adäquat vermittelbar waren –, setzen die Patienten Handlungen ein, als konkretisierte Wiederholungen ihrer unbewussten Phantasien. Die Therapie bietet Platz für ein „containment" dieses Agierens innerhalb der analytischen Beziehung. Somit muss der Therapeut selbst seine Fähigkeit beweisen, mit Extremsituationen umzugehen, mit den frustrierten Bestrebungen nach völliger Verschmelzung und mit den verfolgenden Attacken und Verletzungen seines Patienten. Die schwierige Arbeit des „containment" für den Therapeuten, meint Kogan, liegt darin, dass der Analytiker alles überleben muss, ohne zurückzuschlagen, zu dekompensieren oder sich zu entziehen.

Wo ein gründliches analytisches Erarbeiten ihrer verschütteten Herkunftsgeschichte ausbleibt, sind viele dieser Personen dazu verurteilt, ein Leben voll solcher rätselhaft agierten Transpositionen und Konkretisierungen zu führen, die ihnen selbst unverständlich bleiben müssen, „une vie des substitutions".[16]

Der Hauptunterschied zu anderen Analysen, meint Kogan, liegt im Problem der Trauer. Konkretisierungen bilden einen Ersatz für die Trauerarbeit. Innerhalb des Ausagierens ist meist ein Signal, eine Art Passwort oder Andeutung aufzufinden, wo die unterbrochene Verbindung wieder aufnehmbar wäre. Wiederaufnahme der Trauerarbeit befreit aus den bisherigen Mustern von Leerlauf und Gefährdung, aus dem ständigen Umkreisen eines Todesgefühls.

In der analytischen Gruppe kann man erleben, wie über phasenspezifische Prozesse von Sichidentifizieren, Sich-zugehörig-Fühlen und von einem gemeinsamen Durcharbeiten der traumatischen Narrative auch eine Einsicht in den Abwehraspekt dieser „Dauerbeschäftigung" erwachsen kann. Der Unterschied zwischen dem Durcharbeiten, als Wiederherstellung eines gebrochenen Narrativs, und dem permanenten zyklischen Rotieren um die Thematik, als masturbatorische, masochistische Selbstquälerei, wird spürbar und herausdifferenzierbar. „Traurigkeits- und Glücksgefühle, Freude und Schmerz, Rivalität, Anziehung und Liebe beginnen die innere Welt zu bevölkern und ersetzen allmählich die Gefühle von Depression, innerer Leere und unbestimmter Ängstlichkeit."[17]

15 Ilany Kogan: The Cry of Mute Children: A Psychoanalytic Perspective of the Second Generation of the Holocaust. London: Free Association 1995.

16 Paul-Claude Racamier: Hysterie et theatre. In: Ders.: De Psychanalyse en Psychiatrie. Paris: Payot 1952, S. 135–164.

17 Wardi: Memorial Candles, a. a. O., S. 214.

Die dritte Generation und danach

Inzwischen kommen bereits Einzelne aus der dritten Generation in die Psychoanalyse, die Enkelkinder der Überlebenden, aber es ist vielleicht noch zu früh, hier generelle Aussagen treffen zu wollen. Es könnte sich allmählich immer mehr um „Einzelschicksale“ handeln, dort, wo z. B. die Eltern der Patienten mit der eigenen Verarbeitung und Verdauung ihrer seelischen Erbschaft derart überfordert waren, dass sie das meiste davon nur über Projektion in ihre Kinder erledigen konnten. Vielleicht sind allein erziehende Eltern, die selbst Einzelkinder waren, besonders davon betroffen. Vielleicht haben aber auch die Großeltern, die wirklichen Überlebenden, für die Rolle der „Gedächtniskerze“ aus bestimmten Gründen ein Enkelkind auserwählt.

Jedenfalls ist diese dritte auch die letzte Generation, die persönlichen Kontakt mit den damals Betroffenen haben wird, die das Narrativ noch direkt von der Quelle ergänzt bekommen kann. Das könnte manche aus dieser Generation dazu verleiten, selbst sich dieser Rolle als „Gedächtniskerze“ anzunehmen, um die notwendige politisch-soziale Dimension der Erinnerungsarbeit mit ihren persönlichen Entwicklungshemmungen und Konflikten zu verschränken.

Eine Vermutung wäre, dass für die dritte Generation heute das Problem bereits ganz anders aussieht, nicht nur weil die politische Landschaft inzwischen eine andere geworden ist. Sie wird wahrscheinlich von vornherein mehr Distanz dazu haben und mehr mit sich selbst beschäftigt sein. Das Problem, mit dem ihre Eltern zu kämpfen hatten, war: Was heißt „überleben“? Was heißt „weiter leben“? – die Frage, wie sie überhaupt ein konstantes kontinuierliches Identitätsgefühl erwerben konnten. Die dritte Generation dürfte im Allgemeinen in dieser Hinsicht etwas gefestigter sein. Aufgrund ihrer besonderen Identifizierung mit den Großeltern könnten sie aber noch schwer an deren anderen ungelösten Ambivalenzen – weggehen oder hier bleiben? Erinnern oder vergessen? – zu tragen haben. Das nach wie vor gebrochene Narrativ kann sie immer noch zu transponierten Konkretisierungen der ursprünglichen Traumata tendieren lassen, z. B. zu apathischen Einbrüchen der Hoffnungslosigkeit oder zu irrational „belebenden“, selbstgefährdenden Aktionen.

Vieles von dem, was hier über die Familien der überlebenden Opfer geschildert wurde, mag auch den Familien der Täter und ihren Nachkommen bekannt vorkommen. In vielen Fällen gilt hier auch das gleiche Prinzip des gebrochenen (oder zumindest verschwiegenen) Narrativs, und die daraus folgende Symptomatik kann bei Täterkindern und Enkeln starke Entsprechungen aufweisen. Es ist hier nicht der Platz, im Detail auf diese Frage einzugehen, auch deshalb, weil etwas von dieser ins Heute transponierten, konkretisierten Traumatisierung der Tätergeneration gegenwärtig fast überall im sozialen und kulturellen Gefüge des Landes auffindbar wäre.

Hier gemeinsam zu leben heißt, dass die Schicksale der Nachkommen auf beiden Seiten untrennbar miteinander verbunden bleiben.

Wenn wir diese Schicksale in diesem letzten halben Jahrhundert in Österreich betrachten, in Zusammenhang mit der Entwicklung der psychoanalytischen Forschungsarbeit darüber, wird eines deutlich: Sie sind besonders stark von den sie umgebenden politischen Veränderungen beeinflusst worden. Sogar ein kleines, relativ unbedeutendes innenpolitisches Ereignis kann einen hohen Symbolcharakter besitzen. Dann wird mit einem Schlag so viel an Angst, Wut, „Hysterie" und verschütteten Erinnerungen freigesetzt, dass diese scheinbare Nebensächlichkeit noch jahrelang in den Volksbildungsprogrammen, Radio- und Fernsehdiskussionen wie auch in psychotherapeutischen Behandlungsstunden durchgearbeitet werden muss.

Es wird also am Ende von der umgebenden Gesellschaft, von der Verlässlichkeit demokratischer Spielregeln, von der Transparenz der Justiz, der Standhaftigkeit oder Korrumpierbarkeit der Medien usw. abhängen, ob die kommende vierte Generation – wo keiner von „damals" mehr am Leben sein wird – ein ausreichendes Gefühl von Sicherheit erwirbt, um sich weiter konstruktiv der Integration des Geschehenen widmen zu können.

Aber die Psychoanalyse ist keine besondere Lehrmeisterin in der Kunst der Prognose. Ihr Schicksal ist immer das der Nachträglichkeit, immer zu spät zu kommen, dann, wenn das Geschehene bereits schon zum halben Gerücht geworden ist, zu einem Gemisch aus Phantasie und Realität. Sie kann nur versuchen – wenn sie danach gefragt wird –, das alles zu entwirren. Ihre eigentliche Domäne ist das Individuum oder, genauer und noch einzigartiger, die Erforschung der Innenwelt des Individuums. Die seelischen Konstellationen, die darin sichtbar werden, können sich entwickeln und verändern. Nur wirken sie hier oft wegen der Traumata und deren nachträglichen Konkretisierungen stark fixiert, verkümmert und verzerrt. Wenn sie aber einen passenden Behälter finden, Zeit für ihre Entfaltung und Raum für ihre Widerspiegelung, wenn man ihrer letztlich *einsichtig* wird, dann ist ihr kreatives Potential so unerschöpflich wie das Leben selbst.

Moshe Zuckermann

Mühsal der Erinnerung

Zur Darstellbarkeit der Shoah

Was ist es am Holocaust, das die Frage seiner Darstellbarkeit zu einer solch gravierenden, von moralischen wie ästhetischen Erwägungen dermaßen durchzogenen Problematik werden ließ, dass Theodor W. Adorno sich seinerzeit auf die apodiktische – wiewohl in späteren Jahren aufgeweichte und aufgehobene – Position eines wesenhaften Zweifels an der Möglichkeit, ja der Wünschbarkeit seiner Darstellung zurückzog? Die Frage beantwortet sich vermeintlich wie von selbst: Es ist vor allem die Unfassbarkeit des weltgeschichtlichen Ereignisses, seine monströsen Ausmaße, die ihm eigene zeitliche Dichte und spezifische verbrecherische Intensität, die jeden Versuch, dieser sich durch die Repräsentation zu bemächtigen, als unzulänglich erscheinen lassen. Das Unsägliche am Holocaust, sein Unfassliches, das sich rationaler – historiosophischer, theologischer oder kultureller – Sinndeutung verweigert, entzieht sich, dieser Auffassung zufolge, der Wirkmächtigkeit konventioneller begrifflicher oder bildlicher Darstellungsmuster samt ihrer althergebrachten Ausdrucksmittel.[1]

Dem kann zwar an sich zugestimmt werden, gleichwohl erhebt sich dabei die Frage, ob das Kriterium der Angemessenheit nicht letztlich auf jegliche Art der Repräsentation von Gewesenem anwendbar sei. Denn eines dürfte mittlerweile klar geworden sein: Jeder späteren Nachzeichnung von Geschehen, und sei es der trivialer Alltagsbegebenheiten, eignet ein notwendiges Moment der Verzeichnung an, mithin ein den Anspruch auf Wahrheit und Wahrhaftigkeit stets konterkarierendes Element der Entstellung. Das hat nicht unbedingt etwas mit Ideologie zu tun, sondern rührt vielmehr von der immanenten Beschränktheit jeglichen darstellenden Nacherlebens her, welches ja immer auf die Mittel der Selektion, der Reduktion und der Kodierung angewiesen ist. Dabei ist es zunächst unerheblich, ob dem Anspruch aufs konkrete Detail Genüge getan wird – allein schon die Tatsache, dass sich eine gelungene Wesensschau von Dargestelltem von einer anderen gelungenen unterscheidet, verweist darauf, dass etwas am Dargestellten in der Darstellung „anders" geworden sei. Die postulierte Unangemessenheit des Anders-geworden-Seins gilt aber für die Darstellung der Französischen Revolution, des Dreißigjährigen Krieges, aber eben auch für die schlichte Repräsentation englischen Landlebens im 17. oder des urbanen Treibens im London des 19. Jahrhunderts nicht minder als für den Holocaust.

Der Grund für die spezifischen Skrupel bei der Darstellung des Holocaust scheint also nicht in der grundlegenden Darstellungsproblematik als solcher zu liegen, sondern eben doch in der *Besonderheit* – in Israel insistiert man auch stets auf der *Einzigartigkeit* –, die diesem monströsen welthistorischen Ereignis beigemessen wird. Etwas Ersatzreligiöses schleicht sich in diesen Zugang ein: Ähnlich wie beim jüdischen Bildverbot, wird die schreckliche Erhabenheit des Darzustellenden, mithin die Affirmation seiner Unfasslichkeit, durch

1 Bei Adorno kam noch das Problem des durch Kunst erzeugten Lustgewinns und der damit einhergehenden kathartischen Ent-Spannung des Verhältnisses zum Monströsen hinzu. Es war wohl Celans „Todesfuge", die bei ihm ein Überdenken seiner Position gezeitigt hat.

die Tabuisierung seiner Darstellung gewahrt.[2] Dennoch korrespondiert das latent Ideologische dieses Umstands mit einer nur zu gerechtfertigten Kritik an der virulent gewordenen, allzu leichtfertig-unbeschwerten (mithin eben lustgewinnenden) Darstellung des Grauens: Die vereinnahmende Verdinglichung dessen, was sich seinem Wesen nach dem profanen Dingcharakter entzieht, ist nicht minder ideologisch als die Fetischisierung seiner Undarstellbarkeit. Es ist wohl vor allem dieses Moment von Unvereinbarem, dem Adorno Rechnung trug, als er schrieb: „Wer für Erhaltung der radikalen schuldigen und schäbigen Kultur plädiert, macht sich zum Helfershelfer, während, wer der Kultur sich verweigert, unmittelbar die Barbarei befördert, als welche die Kultur sich enthüllte. Nicht einmal Schweigen kommt aus dem Zirkel heraus; es rationalisiert einzig die eigene subjektive Unfähigkeit mit dem Stand der objektiven Wahrheit und entwürdigt dadurch diese abermals zur Lüge."[3] Bezeichnend ist an dieser Passage nicht nur ihr deprimierend Aporetisches, sondern dass es unter anderem auch darum geht, den „Stand der objektiven Wahrheit", mithin das In-die-Welt-gekommen-Sein des historischen Schreckens, nicht im Nachhinein noch durch das Verstummen vor dieser zu „entwürdigen". Man kommt also letztlich nicht um die Darstellung des Undarstellbaren herum, wenn man die Tatsache, dass es sich um Undarstellbares handelt, nicht zum Fetisch – der an sich noch einmal die subjektive Ohnmacht des Rezipierenden als ein Stück Narzissmus entlarvt – verkommen lassen möchte.

Was ist also das Besondere am Holocaust, das sich der Darstellung verweigert, zugleich aber der Darstellung unabdingbar bedarf? Adorno verdichtet seine Antwort auf folgenden Punkt: „Das perennierende Leiden hat soviel Recht auf Ausdruck wie der Gemarterte zu brüllen; darum mag falsch gewesen sein, nach Auschwitz ließe kein Gedicht mehr sich schreiben."[4] Zu fragen ist allerdings, was dabei zu bedenken sei, insofern man der von Adorno skizzierten aporetischen Falle, wenn schon nicht gänzlich entrinnen, so doch in gewissem Maße Rechnung tragen möchte. Ein Grundverhältnis scheint in diesem Zusammenhang von besonders gravierender Tragweite zu sein: die Anonymisierung des Einzelschicksals im Gesamtablauf der industrialisierten Massenvernichtung. Nicht dass der Untergang des Individuums in historischen Massenprozessen – und in denen der europäischen Moderne zumal – nicht schon lange vorher signifikant geworden wäre. Was indes das Neue am Holocaust ausmacht, ist die auf den Apparaturen der Moderne basierende Institutionalisierung der Eliminierung von Individuellem: Nicht nur geht der Einzelne in der frenetisch aufbrüllenden faschistischen Masse unter, sondern das einzelne jüdische Opfer des nazistischen Vernichtungsapparates wird seines Individuellen schon dadurch beraubt, dass es des Privaten seines Todes verlustig geht, weil sein Tod administrativ geplant und bürokratisch vollzogen wird, mithin so in der Industrialisierungslogik der Vernichtung aufgeht, dass es in der Tat vom individuellen Einzelmenschen zum Exemplar mutiert. Das will wohlverstanden sein: Es geht hierbei nicht nur um die barbarisierte Intention des Nazischergen, sondern durchaus auch um die objektive Auswirkung der industrialisierten Monstrosität auf deren Rezeption. Denn wenn sich das Ungeheure durch nichts mehr kodieren

2 Es darf freilich nicht übersehen werden, dass gerade die extensive Darstellung des Holocaust in der amerikanischen Populärkultur der letzten zwanzig Jahre mit dazu beigetragen hat, die Shoah zu einer Art Ersatzreligion bei der säkularen jüdischen Identitätsbildung werden zu lassen.

3 Theodor W. Adorno: Negative Dialektik. Frankfurt am Main: Suhrkamp 1982, S. 360.

4 Ebd., S. 355.

lässt als durch den sloganhaften Ausdruck „sechs Millionen", kann das nicht ohne Wirkung bleiben auf die – wie immer sensibilisierte – Wahrnehmung des gemarterten Einzelschicksals.

Das wirft zwangsläufig große Probleme für jeden Versuch auf, den Holocaust in seinem Wesen zu erfassen und eine Darstellung, die über das Anekdotische hinausgeht,[5] zu wagen. Paradigmatisch ist in diesem Zusammenhang die Aussage eines jungen Israeli, der Ende der 1970er Jahre, beeindruckt von der Hollywood-TV-Serie „Holocaust", erklärte, jetzt endlich habe er den Holocaust begriffen. Gefragt, wie es sein könne, dass in einem Land, in welchem es einen Holocaust-Gedenktag gebe, der Schul- und Universitätsunterricht eine profunde Information vermittle und viele Tausende von Shoah-Überlebenden noch lebten, gerade eine auf kulturindustriellen Vermittlungsformen basierende Fiktionalform hollywoodschen Zuschnitts den Holocaust „begreifbar" gemacht hätte, antwortete er schlicht: Wenn er die Leichenberge der Vernichtungslager in Dokumentarfilmen sehe, werde er paralysiert, fühle er nichts; mit dem Individualschicksal der TV-Familie Weiß hingegen vermag er sich zu identifizieren, da könne er sich am Holocaust „emotional beteiligen".

Zweierlei tritt hier zutage. Zum einen drückt sich in der Antwort des jungen Israeli ein psychologisches Bedürfnis aus, das Unnahbare am anonymen KZ-Leichenberg durch emotionale Einbindung dahin gehend zu überwinden, dass das an sich Unbegreifliche zumindest über das psychische „Dabeisein" gleichsam greifbar wird.
Die in emotionaler Kälte sich manifestierende psychische Entfremdung bei der dokumentarisch realistischen Vermittlung erscheint ihm als unangemessene Reaktion – er möchte sich „beteiligen" können. Zum anderen mag aber eingewendet werden, dass genau darin das Problem liegt. Denn was heißt denn schon emotionale Einbindung im Angesicht der geschichtlichen Monstrosität? Verfehlt nicht gerade sie durch kathartische Gefühlsentladung das Wesen dessen, was sich psychischer Beruhigung und emotionaler Entsorgung versagen sollte? Ist nicht eine nie versiegende Rezeptionsspannung und -dissonanz im Eingedenken des großen Entsetzens zu wahren? Und wäre da nicht gerade die Gefühlserstarrung eine angemessene Reaktion im Anblick des todesstarren Menschenhaufens, Entfremdung die noch am ehesten adäquate Reaktion angesichts der industriell betriebenen Menschenvernichtung? Die beiden Pole – das emotionale Bedürfnis und seine „sachliche" Unangemessenheit – tangieren wiederum das Grundproblem der vermittelnden Darstellung, gehen aber über die allgemeine Frage der Repräsentationsschwierigkeit insofern hinaus, als sich in der Reaktion auf das Dargestellte nicht nur ein Erkenntnis-, sondern gewissermaßen auch ein *moralisches* Problem sedimentiert hat. Wenn es ein Adäquanzverhältnis zwischen dem historischen Holocaust und der Holocaust-Erinnerung gibt, so mag sich das psychische Bedürfnis der (das Entsetzen latent instrumentalisierenden) emotionalen Einbindung als Ausdruck eines subjektiven Narzissmus erweisen.

Nicht minder problematisch stellt sich jedoch in diesem Zusammenhang die *beispielhaft* individualisierende Darstellung der Shoah als umfassendes Geschichtsereignis, mithin als Zivilisationsbruch, dar. Denn gerade das Einzelschicksal begibt sich seines Individuellen,

5 Allein schon, dass das Einzelschicksal des Opfers als *anekdotisch* begriffen werden kann, verweist darauf, wie sehr sich das Massenhafte des Grauens ins Bewusstsein eingeprägt hat: Man weiß wohl, dass jede/jeder als Individuum starb, und dennoch kann man sich dem unweigerlich dabei aufkommenden Gefühl des „gemessen an ..." kaum entziehen. Auch in dieser Hinsicht schlägt Quantität in Qualität um.

wenn es beispielhaft wird, also ein Exemplarisches intendiert. Wird aber das Einzelne in seiner spezifischen Eigentümlichkeit gewahrt, verfehlt man Wesentliches – namentlich das Entindividualisierende, die in der kruden Industrialisierung der Mordmaschinerie sich ausprägende Anonymisierung alles Einzelmenschlichen, die in absoluter Entfremdung kulminierende Verdinglichung des zu mordenden Menschenlebens, zugleich aber auch – damit aufs Engste zusammenhängend – des Bewusstseins des Henkers. Denn darin ist der Holocaust in der Tat (bislang) einzigartig in der Menschheitsgeschichte geblieben: in der Weise, wie das Hitler-Regime den geregelten Ablauf seiner Vernichtungsapparatur nach und nach perfektionierte, bis sie, ab einem bestimmten Zeitpunkt, „wie von selbst" zu funktionieren schien – eine pflichtbewusst administrierte, mit bürokratischer Indifferenz verwaltete Maschinerie, in der Opfer (in den Augen der Täter) und Täter (im ideologisch antrainierten Selbstbild) zu Charaktermasken entarteten. Das will wohlverstanden sein: Nicht um außergeschichtliche Einsichten geht es bei solcher Kennzeichnung, sondern um das Innewerden einer Struktur in der Kulminationsphase des Holocaust, in welcher Lakonik und Exzess, bürokratisierter Kadavergehorsam und ideologisierter Blutrausch sich wechselseitig durchwirkten, dabei aber auch den Menschen als Handlungssubjekt entindividualisierten, seiner autonomen Selbstbestimmung entkleideten.

In den gleichen Zusammenhang sei folgende Überlegung eingereiht. In einem Holocaust-Dokumentarfilm ist eine Szene zu sehen, in welcher ein deutscher Soldat eine Mutter von ihrem kleinen Kind trennt. Sie wendet sich zu einer Seite, das Kind zur anderen, es schaut seiner Mutter nach. Plötzlich kehrt die Mutter um, versucht verzweifelt, ihr Kind zu erreichen, aber der Soldat verjagt sie, trennt gewaltsam Frau und Kind. Eine herzzerreißende Szene, die den Hals zuschnürt, die Augen mit Tränen füllt. Warum aber zeitigen die nachfolgenden Bilder des Films, entsetzliche Aufnahmen von zu Bergen getürmten Leichen, entstellten, geschundenen, skeletthaft abgemagerten Menschenleibern, keine ähnliche Gefühlsreaktion, sondern eher die eines paralysierenden Schocks? Die Antwort dürfte im Unterschied zwischen *bewegendem* und *lähmendem* Entsetzen zu suchen sein. Das *bewegende* Entsetzen, so grauenvoll es an sich sein mag, vollzieht sich immer noch als ein Stück Leben, als „dramatischer" Moment im Dasein von Mutter und Kind, ehe auch sie als Leichen auf jenen Haufen toter Körper, jeglicher Individualität durch Massentod, jeglichen Kennzeichens lebender Wesen beraubt, geworfen werden. Man kann sich mit einer Leiche nicht identifizieren, sondern nur mit dem, was sie war, bevor sie zur Leiche wurde – mit ihrem einzelmenschlichen Leben. Während aber die einzelne Leiche noch die nachträgliche Projektion ermöglicht, die Identifikation eben mit dem, wessen sie beraubt worden ist – ihres Lebens –, lässt der Massentod, der die Anonymisierung des Allerprivatesten eines Individuums – seines Todes – erzwingt, auch das unmöglich werden. Weil er sich jeglicher Identifikationsgrundlage entzieht, bewirkt der Leichenberg ein starres Gefühl der Lähmung: das *lähmende* Entsetzen birgt in sich die Form extremster Entfremdung. Der Holocaust umfasste all dies: das Drama der Mutter, des Kindes und des deutschen Soldaten wie auch die sich türmenden Berge entstellter Leichen.

Insofern aber der Holocaust seinen eigentlichen Kulminationspunkt in der Einrichtung der industriellen Massenvernichtungsapparaturen erreichte, sein Wesen sich mitunter in der administrativ-bürokratischen Anonymisierung des Todes niederschlug, entfremdet er zwangsläufig die emotionale Reaktion, paralysiert den mit einem solchen monumentalen Grauen konfrontierten Einzelnen. Die Gefühlsregung, Rettungsanker des Individuums, mag da in der Tat den Holocaust in seinem Wesen verfehlen.

Ein nagender Gedanke: Wie nun, wenn sich die emotionale Rührung angesichts der zwischen Mutter, Kind und Soldaten sich im Dokumentarfilm abspielenden Szene nicht von der Rührung bei einer „ähnlichen" Szene im inszenierten Kinofilm unterscheidet? Hat man etwa die bei „solchen Szenen" aufkommende Rührung durch Kinofilme erlernt? Bei allem Zweifel besteht doch ein wesentlicher Unterschied, der jegliche simple isomorphe Analogie unterwandert: Das Ende der Kinofilmszene hätte im gesamten Verlauf ihrer Produktion verändert werden können; das Happy End ist eine reale Option in jeder Phase ihrer bis ins allerletzte Detail durchgeplanten Entstehung. Das grauenvolle Ende des realen historischen Ereignisses kennt man hingegen von vornherein (oder ahnt es zumindest mit einiger Gewissheit). Seine Tragik stellt keine kompositorische Option dar, sondern *ist* die unabwendbare Konsequenz des Allerschlimmsten. Das Schaudern, das einen bei dieser Szene erfasst, rührt von einer gewissen, die Dokumentation durchwirkenden psychischen Konstellation her: das kurze Aufscheinen atavistischen Grauens in Verbindung mit dem Bewusstsein einer der irreversiblen historischen Ohnmacht zugrunde liegenden Gewalt.

Die Problematik der Holocaust-Darstellung betrifft also mehrere, teils verschwisterte, teils voneinander unabhängige Ebenen, denen sich eine weitere, von der Rezeptionslogik sich herleitende hinzugesellt. Denn wenn bislang das Wesen der historischen Barbarei erörtert wurde, die sich bei der Synthese von Individuellem und Allgemeinem erweisende Schwierigkeit, die der Repräsentation innewohnende Entstellungsproblematik, so lässt die Verlagerung der vorgelegten Überlegungen vom Bereich des eigentlichen Gegenstands (des Holocaust als historischem Ereignis) auf die Ebene seiner Rezeption ein zusätzliches – gravierendes – Problem deutlich werden. Denn von Anbeginn war die Holocaust-Rezeption nicht nur durch die genuinen Versuche, die Logik des Monströsen wissenschaftlich, philosophisch, auch künstlerisch zu erfassen, gekennzeichnet, sondern in nicht minderem Maße auch durch dessen instrumentalisierende Vereinnahmung[6] und heteronome Ideologisierung[7]. Gemeint sind hier die eher strukturbedingten Formen der Vereinnahmung, weniger deren von bewusster Ausbeutung getragenen, grobschlächtigen Entartungen. Die wohl prägnanteste Manifestation solcher Ideologisierung lässt sich in der zweckhaften Teleologisierung der Shoah im Sinne der zionistisch-politischen Ideenwelt nachweisen. In der Tat gilt der Nexus zwischen Israel und dem Holocaust gemeinhin als so selbstverständlich, dass es nahezu aussichtslos erscheinen mag, etwas an ihm in Frage stellen zu wollen. Nicht nur verdankte sich die Staatsgründung Israels – wenn nicht ausschließlich, so doch in erheblichem Maße – dem Impetus des Holocaust bzw. dem Entsetzen, welches das Wissen um seine unfassliche Monstrosität bei der „Weltöffentlich-

6 Vgl. hierzu Moshe Zuckermann: Die Instrumentalisierung der Vergangenheit. In: Hallische Beiträge zur Zeitgeschichte, Heft 8, Sonderheft (2000), S. 13–18.

7 Vgl. hierzu Moshe Zuckermann: Zweierlei Holocaust. Der Holocaust in den politischen Kulturen Israels und Deutschlands. Göttingen: Wallstein 1998.

keit" auslöste, sondern es war auch dieser neu entstandene Staat, der aus dem nämlichen Grund das *Andenken* des Holocaust von Anbeginn monopolisierte. Wie sollte es auch anders sein? – wird man sich fragen. Die Hauptopfer des Holocaust waren ja Juden; was hätte also näher liegen sollen, als dass der Staat der Juden ihrer gedachte? Wenn darüber hinaus gerade mit der Errichtung eines Judenstaates das im Holocaust kulminierende „Problem" der „jüdischen Frage" nun endgültig positiv „gelöst" werden konnte, war ja sozusagen eine *kausale* Verbindung hergestellt, die den Holocaust fortan an Israel, vor allem aber an seine staatstragende Ideologie, den Zionismus, gleichsam paradigmatisch kettete. Das sich in diesem Kontext geschichtlich gebende, seinem Wesen nach freilich ahistorische Darstellungsmuster ist bekannt: Das mit dem Zusammenbruch des altisraelischen Königreiches einsetzende Exildasein der Juden gelangt mit der Begründung der jüdischen Staatssouveränität in der gegenwärtigen Geschichtsepoche zu ihrem prinzipiellen Ende, wobei die Shoah als entscheidendes Wendeglied des großen Übergangs von der geschichtlichen Katastrophe zur säkularen Auferstehung (bzw. zur religiös gedeuteten „Erlösung") interpretiert wird.[8]

Die ideologischen Zwecke des aktionistischen Zionismus paarten sich bei dieser Deutung mit den psychologischen und sozialpsychologischen Bedürfnissen israelischer Juden, der Geschichtskatastrophe einen (und sei es profanen) Sinn abzutrotzen, mithin kraft solcher Sinndeutung die Überlebensfähigkeit und Zukunftsperspektive des Kollektivsubjekts vor sich selbst zu bestätigen. Dass sich dabei die in sich verständlichen Sicherheitsbedürfnisse der Juden Israels mit einer zunehmenden ideologischen Fetischisierung der „Sicherheit" samt weitreichenden Folgen für den gesamten Nahostkonflikt verbanden, ist nur ein Aspekt dieser Entwicklung. Es mag als bezeichnend gelten, dass selbst ein Mann wie Claude Lanzmann, der mit seiner monumentalen Filmdokumentation „Shoah" immerhin einen der bedeutendsten Beiträge zur Auseinandersetzung mit dem Holocaust-Gedenken geliefert hat, das Thema „Zahal" (das hebräische Akronym des Namens der israelischen Armee) als zweiten Teil seiner geplanten Trilogie, mithin als Fortsetzung des „Shoah"-Werks, gewählt hat. Es versteht sich von selbst, dass eine solche ideologische Zurichtung der Shoah-Rezeption zentrale Dimensionen des realen Geschichtsereignisses, etwa das gravierende Moment der Ohnmacht der Opfer, heteronom einfärben muss. Die Ohnmacht wird nicht aus der immanenten Logik der historischen Gewaltverhältnisse rezipiert, sondern in den Kontext nachmaliger (ideologischer) Entrüstung gestellt: So wie sich viele israelische Juden der so genannten zweiten Generation in den 50er und 60er Jahren „weigerten" zu begreifen, wie man sich „wie Vieh auf die Schlachtbank" habe führen lassen können, so institutionalisierte der jüdische Staat den Gedenktag im Geiste gleicher Indignation als „Tag der Erinnerung an die Shoah und den *Heldenmut*". „Heldenmut" hatte eher etwas mit den Erziehungsidealen des zionistischen Staates im Hinblick auf die Schaffung des „neuen Juden", der den diasporischen ablösen sollte, zu tun, als mit einer im Verhältnis zum Ausmaß der Katastrophe und deren realen Gewaltmechanismen irgend vertretbaren Gewichtung, die dem Heldenmut, und sei es auch nur nominell, den gleichen Stellenwert einräumt wie der Verfolgungs-

8 Vgl. hierzu Moshe Zuckermann: Israel und der Holocaust: Die Ideologisierung einer Wende. In: Perspektiven, 34/35 (Dezember 1998), S. 1.

und Vernichtungsrealität selbst. Es erübrigt sich, in diesem Rahmen auszuführen, welche Auswirkungen eine solche Ideologisierung des Geschichtsereignisses auf die zentralen Fragestellungen und Darstellungsmuster seiner narrativen Repräsentation haben musste.

Eine nicht minder gravierende ideologische Beeinträchtigung der Holocaust-Rezeption leitet sich von strukturell partikularisierten Sichtweisen und Positionen her, welche eine zwangsläufige Parzellierung der Holocaust-Erinnerung, mithin aporetische Widersprüche in seiner Deutung und Darstellung, zutage fördern. Paradigmatisch sei das antinomische Holocaust-Verständnis des säkularen Zionismus und der jüdisch-religiösen Orthodoxie im Kontext des israelischen Diskurses angeführt. Für das orthodoxe Judentum (das ultraorthodoxe zumal) gilt das zionistische Projekt als eine besonders schlimme Form kollektiver jüdischer Häresie: Die vom weltlichen Zionismus angestrebte Gründung eines jüdischen Staates wurde als ein eigenmächtiger Ein- bzw. Vorgriff auf die gottgewollte *messianische* Erlösung des jüdischen Volkes, welche die Neuerrichtung des altjüdischen Königreiches und damit die Neuerbauung des zerstörten Gottestempels erst eigentlich ermöglichen soll, aufgefasst. Nicht von ungefähr legen bis heute die religiösen Ultras des Judentums – neben dem allgemeinen, durch Aufklärung (*Haskala*) und Assimilation forcierten Abfall vom orthodoxen Glauben – vor allem die Hybris des politischen Zionismus als Ursache für die *göttliche Bestrafung des jüdischen Volkes* durch den Holocaust aus. Auf einer anderen Ebene werden dabei die Zionisten selbst zuweilen bezichtigt, den Holocaust als „notwendig" für eine Gründung des Staates Israel erachtet zu haben, am Holocaust gar „in gewissem Maße" *interessiert* gewesen zu sein. Andererseits werden auch exponierte Vertreter der historischen orthodox-rabbinischen Führung noch heute von Zionisten beschuldigt, eine mögliche Masseneinwanderung von Juden nach Palästina in den 30er Jahren mit dem Schiedsspruch, „die Mauer *nicht* zu besteigen" (also *nicht* nach Zion auszuwandern), verhindert zu haben, womit sie das Schicksal ihrer Gemeinden besiegelt hätten. Einen prägnanten Höhepunkt erreichte die unter solchen konträren Vorzeichen geführte Debatte, als vor einigen Jahren eine führende politische Persönlichkeit aus der Jerusalemer Religionsorthodoxie mit der Forderung hervortrat, die Bilder nackter, in den Tod getriebener jüdischer Frauen von den Wänden Yad-Vashems abzuhängen, weil sie „unzüchtig" seien. Höchst bezeichnend war dabei, dass er die entrüsteten Reaktionen nichtreligiöser Bürger mit dem Hinweis parierte, die orthodoxen Juden hätten „eine andere Narration" des Holocaust als die Zionisten; mithin wäre es überhaupt an der Zeit, dass sie ihr eigenes Yad-Vashem bekämen.[9] Das schlechthin Unvereinbare sticht ins Auge: Während der Zionismus den Holocaust (auch) als ideologische Begründung der Notwendigkeit einer jüdischen Staatsgründung heranzieht, wird der Zionismus, mithin seine ideologische Aspiration, den Judenstaat säkular-eigenmächtig errichten zu wollen, von der jüdischen Religionsorthodoxie als Ursache der Shoah bzw. diese als Gottes Bestrafung eben dieser Aspiration ausgelegt.

Die hier erörterte Fragmentierung der Shoah-Erinnerung stellt an sich kein Problem dar. Das lebensweltliche Individualgedenken bzw. die partikularisierten gemeinschaftlichen Formen der Geschichtserinnerung bilden sich ja eigenständig, können mithin nicht „von

9 Vgl. hierzu Moshe Zuckermann: Die Parzellierung der Shoah-Erinnerung im heutigen Israel. Vom historischen Ereignis zum Gegenstand ideologischer Projektion. In: Eleonore Lappin, Bernhard Schneider (Hg.): Die Lebendigkeit der Geschichte. (Dis-)Kontinuitäten in Diskursen über den Nationalsozialismus. St. Ingbert: Röhrig 2001, S. 47–62.

oben" vorgeschrieben werden. Das Problem stellt sich erst im Kontext des Anspruchs auf kollektiv verbindliche Erinnerungsmodi, wie beispielsweise im Fall des staatsoffiziellen zionistischen Narrativs, bzw. wenn Deutungsmuster so eklatant auseinander klaffen wie beim politischen Zionismus und der jüdischen Religionsorthodoxie. Für die Erforschung der Holocaust-Darstellung dürfte diese sich deutlich abzeichnende Heterogenisierung des Gedenkdiskurses die brisanteste Herausforderung in den kommenden Jahren abgeben.

Unerörtert soll in diesem Rahmen der zuvor zwar kurz angerissene, jedoch eine ungleich größere Aufmerksamkeit verdienende Komplex „Holocaust und Kunst" bleiben.[10] Stattdessen sei hier zum Schluss nochmals kurz auf das Mosaikhafte all dessen, was unter dem Begriff „Holocaust" subsumiert wird, eingegangen. Es versteht sich von selbst, dass die industrialisierte Form der Judenvernichtung stets den „Vorrang" im Bewusstsein der unsäglichen Shoah-Leiderfahrung haben wird und haben muss. Denn in ihr verdichtet sich in der Tat das, was man – kodierend – „Zivilisationsbruch" genannt hat. Unfassbar bleibt diese spezifische Dimension der monströsesten aller bislang bekannten Verfolgungs- und Repressionspraktiken letztlich bis zum heutigen Tag. Gleichwohl umfasst die Holocaust-Realität mehr als diese eine Dimension, und zwar nicht nur im Sinne der *Vorgeschichte* dessen, was dann im Allerschlimmsten kulminierte, sondern im Hinblick auf die im Gesamtkode „Shoah" oft ausgeblendete *Gleichzeitigkeit* anderer, teils parallel, teils komplementär, teils „kontrapunktisch" zur Vernichtungsmonstrosität verlaufenden Lebenswirklichkeiten. Nicht einer ideologisch höchst prekären Alltagsgeschichte des Nationalsozialismus, gar von Auschwitz, soll hier das Wort geredet werden. Die ihr inhärierende, wenngleich nicht unbedingt intendierte Normalisierungstendenz sollte stets kritisch betrachtet werden. Wenn man aber das Mosaik des Gesamtereignisses Holocaust, gleichsam seine Anatomie, vor allem aber seine lebensweltliche Genealogie, und sei es im Ansatz, erfassen will; wenn man die Prägnanz des Vordringlichen im *Kontext* des nicht Vordringlichen begreifen möchte; wenn man darüber hinaus die Anonymisierung des Einzelnen in der Maschinerie der Vernichtungspraxis von Auschwitz nicht – symbolisch – durch die Anonymisierung dessen, was der Prägnanz der Vordringlichkeit entbehrt, reproduzieren möchte, dann ist es unabdingbar, dem Kontext dessen, was prominent einen Primat beansprucht, sorgfältig und geduldig nachzugehen. Kaum anzunehmen, dass „Berggasse 19" ohne Freud besondere Aufmerksamkeit im Kontext der hier anvisierten weltgeschichtlichen Ereignisse erregt hätte. Aber „Berggasse 19" war Freuds lebensgeschichtlicher Kontext. Schon deshalb beansprucht diese Adresse Aufmerksamkeit. Und in allerletzter Hinsicht: eben nicht nur deshalb.

10 Vgl. hierzu Moshe Zuckermann: Gedenken und Kulturindustrie. Ein Essay zur neuen deutschen Normalität. Berlin & Bodenheim: Philo 1999, S. 93 ff.

Thomas Hübel – Literaturwissenschafter, Mitarbeit an Projekten im Ausstellungs-, Kunst- und Kulturbereich. Übersetzungen und Publikationen, zuletzt: Der erlaubte und der geforderte Schein, in: Brigitte Felderer, Thomas Macho (Hg.): Höflichkeit. Aktualität und Genese von Umgangsformen (München 2002).

Birgit Johler – Studium der Europäischen Ethnologie und der Romanistik an der Universität Wien. Regieassistenz bei einer zweiteiligen Zeitzeugen-Dokumentation (Redaktion Brennpunkt/ORF, 1999), Kuratorin im Österreichischen Museum für Volkskunde (1999/2000), Lektorin am Institut für Europäische Ethnologie, Universität Wien (1999/2000), freie Projektarbeit, seit 2002 kuratorische Assistenz im Sigmund Freud-Museum.

Lydia Marinelli – Historikerin und wissenschaftliche Kuratorin des Sigmund Freud-Museums, Lektorin am Institut für Geschichte der Universität Wien, konzipierte mehrere wissenschafts- und kulturhistorische Ausstellungen. Veröffentlichungen zur Geschichte der Psychoanalyse, des Traums und zur Museologie, darunter: Träume nach Freud. Die „Traumdeutung" und die Geschichte der psychoanalytischen Bewegung (Koautor: Andreas Mayer, Wien 2002).

Felix de Mendelssohn – Psychoanalytiker und Gruppenanalytiker in freier Praxis, mit Lehraufträgen an der Wiener Akademie für Sozialarbeit und am Max-Reinhardt-Seminar für Darstellende Künste. In den letzten Jahren an Ausbildungsprojekten für psychoanalytische Therapeuten in Lemberg, Kiew und Tel Aviv beteiligt. Seit 20 Jahren Forschungen und Publikationen zu klinischen und kulturkritischen Themen wie Antisemitismus, Demokratieverständnis, Kreativitätsstörungen u. a. m.

Oliver Rathkolb – Co-Leiter des Ludwig Boltzmann Instituts für Geschichte und Gesellschaft sowie der Stiftung Bruno Kreisky Archiv und Wissenschaftskoordinator des Bruno Kreisky Forums für Internationalen Dialog. Nicht angestellter Universitätsdozent am Institut für Zeitgeschichte der Universität Wien. 2000/2001 Schumpeter-Forschungsprofessur am Center for European Studies an der Harvard University. 2003 Gastprofessor am Department of History, University of Chicago. Seit 2000 Initiator der Internetplattform www.whoisaustria.org und wissenschaftlicher Leiter des Demokratiezentrums Wien. Zahlreiche Publikationen zur österreichischen und internationalen Zeit- und Gegenwartsgeschichte, zuletzt als Alleinherausgeber: Revisiting the National Socialist Legacy: Coming to Terms with Forced Labor, Expropriation, Compensation and Restitution (Innsbruck u. a. 2002); NS-Zwangsarbeit: Der Standort Linz der Reichswerke Hermann Göring AG, Berlin, 1938–1945, 2 Bände (Wien 2001).

Inge Scholz-Strasser – Direktorin des Sigmund Freud-Museums, im internationalen Wissenschafts- und Museumsmanagement tätig, im Beirat mehrerer Ausstellungen, Herausgabe zahlreicher Publikationen, darunter (zusammen mit Giselher Guttmann): Freud and the Neurosciences. From Brain Research to the Unconscious (Wien 1998).

Heidemarie Uhl – Historikerin an der Österreichischen Akademie der Wissenschaften (Kommission für Kulturwissenschaften) im Rahmen des Forschungsprogramms „Orte des Gedächtnisses". Mitarbeiterin des Forschungsprojekts „Transformationen gesellschaftlicher Erinnerung. Interdisziplinäre Forschungen zur österreichischen Gedächtnisgeschichte in der Zweiten Republik". Zahlreiche Publikationen zur Gedächtnisgeschichte Österreichs in der Zweiten Republik, zuletzt Herausgabe von: Steinernes Bewußtsein. Die öffentliche Repräsentation staatlicher und nationaler Identität Österreichs in seinen Denkmälern, Bd. 2 (Wien u. a. 2003).

Moshe Zuckermann – Studium der Soziologie, Politologie und Geschichte an der Universität Tel Aviv. Lehrt seit 1990 am Cohn Institute for the History and Philosophy of Science and Ideas (Tel Aviv University) und ist seit 2000 Direktor des Instituts für Deutsche Geschichte (Tel Aviv University). Forschungsschwerpunkte: Geschichte und Philosophie der Geistes-, Sozial- und Kulturwissenschaften, der Einfluss der Shoah auf die politischen Kulturen Israels und Deutschlands. Neuere Publikationen: Zweierlei Holocaust. Der Holocaust in den politischen Kulturen Israels und Deutschlands (Göttingen 1998); Gedenken und Kulturindustrie. Ein Essay zur neuen deutschen Normalität (Bodenheim, Berlin 1999); Die Fabrikation des Israelischen. Mythen und Ideologien in einer konfliktgeladenen Gesellschaft (Tel Aviv 2001, hebräisch); Kunst und Publikum. Das Kunstwerk im Zeitalter seiner gesellschaftlichen Hintergehbarkeit (Göttingen 2002).

Freuds verschwundene Nachbarn
26. März bis 28. September 2003
Sigmund Freud-Museum Wien
Berggasse 19, 1090 Wien

Ausstellung

Konzept und Ausstellungsleitung
Lydia Marinelli
Koordination Ausstellung
und Recherche
Birgit Johler
Mitarbeit
Thomas Hübel
Interviews
Chirine Ruschig
Ö1-Produktion
Peter Klein
Leseraum
Christian Huber
Recherche
Dieter Hecht
Birgit Johler
Dorothea Maurer
Stephan Roth
Maria Wirth
Beirat
Wolfgang Neugebauer
Oliver Rathkolb
Inge Scholz-Strasser
Ausstellungs- und Katalog-
redaktion
Thomas Hübel
Birgit Johler
Lydia Marinelli
Ausstellungsgestaltung
rainer pirker architeXture
Team: Karin Grausam,
Nicola Weber
Ausstellungsgrafik
Perndl + Co
Ausstellungsaufbau
Ausstellungswerkstatt
Presse
Andreas Hofbauer
Christina Werner
Veranstaltungsorganisation
Sabine Jansa
Sekretariat
Monika Zottl
Karin Brunner

Katalog

Visuelle Konzeption
Walter Pamminger
Grafik
Richard Ferkl
Lektorat
Gerhard Unterthurner
Fotografie
Eva Eckert
Julia Oppermann
Druck
Typo Druck Sares, Wien

Freuds verschwundene Nachbarn
Lydia Marinelli (Hg.)
Wien: Turia + Kant, 2003
www.turia.at

ISBN 3-85132-365-3
ISSN 1684-1344
Newsletter des Sigmund Freud-
Museums, Doppelnummer
2/2002, 1/2003

Bibliografische Information
Der Deutschen Bibliothek:
Die Deutsche Bibliothek
verzeichnet diese Publikation
in der Deutschen National-
bibliografie; detaillierte
bibliografische Daten sind über
http://dnb.ddb.de abrufbar.

Leihgeber

Archiv der Israelitischen
Kultusgemeinde Wien
Archiv der Österreichischen
Gesellschaft für Zeitgeschichte
Dokumentationsarchiv
des Österreichischen
Widerstandes
Deutsches Exilarchiv 1933–1945
Der Deutschen Bibliothek
Freud Museum London
Adolf und Luisa Haeuser-
Stiftung, Frankfurt am Main
Bernhard Humburger
Magistratsabteilung 8
Wiener Stadt- und
Landesarchiv
Magistratsabteilung 9
Wiener Stadt- und
Landesbibliothek
Magistratsabteilung 12
wien sozial
Magistratsabteilung 37
Baupolizei
Magistratsabteilung 63
Zentralgewerberegister
Nationalfonds der Republik
Österreich für Opfer
des Nationalsozialismus
Österreichische Nationalbibliothek,
Handschriften-, Autographen-
und Nachlass-Sammlung
Österreichisches Staatsarchiv,
Archiv der Republik
Stadt Wien – Wiener Wohnen

Für Hinweise, Kritik, Anregungen
und Hilfestellung danken wir

Kurt Arrer
Sylvia Asmus
Brigitte Bailer-Galanda
Renate Banik-Schweitzer
Susanne Belovari
Hans Benke
Eva Blimlinger
Walter Chramosta
Peter Csendes
Gerhard Botz
Martin Buczolich
Erica Davies
Herbert Exenberger
Manfred Fink
Heinz Fischer
Eckert Früh
Ernst Gamillscheg
Michael Hagner
Erich Hechtner
Kurt Hienz
Peter Höfferer
Avshalom Hodik
Lothar Hölbling
Jewish Refugees
Committee London
Karl Kambach
Elisabeth Klamper
Fritz Keller
Renate Knöfl
Helmut Kretschmer
Hannah Lessing
Dag Maaske
Alfred Martinek
Evelina Merhaut
Michael Molnar
Karl Nessmann
Wolfgang Neugebauer
Ferdinand Opll
Österreichische Botschaften
London, Nairobi
und Tel Aviv
Bertrand Perz
Harald Rosenauer
Ute Sarnau
Sepp Schmidt
Kurt Scholz
Ingrid Smrcek
Anton Staudinger
Hubert Steiner
Martin Stürzlinger
Ulrike Tauss
Georg Traska
United States Holocaust
Memorial Museum
Heidemarie Uhl
Wilhelm Urbanek
Heinz Vogel
Heidrun Weiss
Erika Wallner
Gisela Wibihail
Thomas Zechmeister

Weiters danken wir den
Mitarbeiterinnen und Mitarbeitern
der Institutionen

Archiv der Israelitischen
Kultusgemeinde Wien
Dokumentationsarchiv des
Österreichischen Widerstandes
Magistratsabteilung 61
Staatsbürgerschafts- und
Personenstandsangelegenheiten
Magistratsabteilung 8
Wiener Stadt- und Landesarchiv
Österreichisches Staatsarchiv

Besonderer Dank geht an

Stella Ahier
Vera und Johannes Bartlmä
Fabian Gaver
Susanne Goldner
Harold Julius Heitner
Bernhard Humburger
Suzanne Johnson
Lisbeth Krauss-Rock
alle Interviewpartner und
die Bewohner des Hauses
Berggasse 19

Für die Durchsicht des
Materialienteils danken wir

Brigitte Bailer-Galanda
Wolfgang Neugebauer
Oliver Rathkolb

Für Förderung der Ausstellung
geht der Dank an

Bundesministerium für Bildung
Wissenschaft und Kultur
Magistratsabteilung 7
Kultur, Wissenschafts- und
Forschungsförderung
Helmut Zilk-Fonds für internationale
Beziehungen der Bank Austria
Creditanstalt
Österreichischer Kultur-Service
Oesterreichische Nationalbank
Eckelt Glas
Ö1 Club
Die Presse
Wiener Städtische Versicherung
Verein der Freunde des Sigmund
Freud-Museums Wien

Gedruckt mit Unterstützung durch

Bundesministerium für Bildung,
Wissenschaft und Kultur
Magistratsabteilung 7
Kultur, Wissenschafts-
und Forschungsförderung
Verein der Freunde des Sigmund
Freud-Museums Wien